# ルイ・ボナパルトのブリュメール18日

カール・マルクス
丘沢静也 訳



講談社学術文庫

# 目次

# 政治党派一覧

<table>
<tr><td rowspan="2">王朝派</td><td>正統王朝派<br>（ブルボン派）</td><td>大土地所有ブルジョワジー</td><td>ファルー、ベリエなど</td><td rowspan="2">秩序党<br>1848.<br>5〜</td></tr>
<tr><td>オルレアン派</td><td>金融ブルジョワジー（金融貴族）、工業ブルジョワジー（大工業家）</td><td>ギゾー、ティエール、モレ、バロー、デュパン、シャンガルニエなど</td></tr>
<tr><td rowspan="2">共和派</td><td>ブルジョワ共和派（純粋共和派、青い共和派）</td><td>中産階級<br>（著作家、弁護士、将校、役人）</td><td colspan="2">ラマルティーヌ、マラスト、カヴェニャック、ジラルダンなど</td></tr>
<tr><td>モンターニュ派<br>（小市民的民主派、赤い共和派）</td><td>小市民（小商店主）</td><td>ルドリュ＝ロランなど</td><td rowspan="2">社会民主派<br>1849.<br>1〜</td></tr>
<tr><td rowspan="3">社会主義派</td><td>社会主義者</td><td>プロレタリアート</td><td>ルイ・ブラン、コシディエールなど</td></tr>
<tr><td>共産主義者</td><td>プロレタリアート</td><td colspan="2">ブランキなど</td></tr>
<tr><td>ボナパルト派</td><td>ルンペンプロレタリアート</td><td colspan="2">マニャン、モルニ公、モーパなど</td></tr>
</table>

第3期：立憲共和制または立法国民議会の時期
——ルイ・ボナパルトおよび秩序党とモンターニュ派の対立
→秩序党による独裁→ルイ・ボナパルトと秩序党の対立

| | |
|---|---|
| 1849. 5.28 | 立法国民議会が開会。 |
| 6.13 | 6月13日事件（モンターニュ派（小市民的民主派）のデモ）。オルレアン派の将軍シャンガルニエが鎮圧。 |
| 11. 1 | ルイ・ボナパルトがバロー内閣を解任。 |
| 1850. 5.31 | 選挙法改正。普通選挙制が廃止。 |
| 1851. 1.18 | 立法国民議会が政府不信任案を可決。 |
| 4.11 | ルイ・ボナパルトが反議会的内閣を任命。 |
| 11. 4 | ルイ・ボナパルトが普通選挙制の復活を要求。 |
| 11.25 | ルイ・ボナパルトが工業ブルジョワジーに演説し、熱狂的支持を得る。 |

### ▶大統領独裁（1851.12〜1852.12）

| | |
|---|---|
| 1851.12. 2 | ルイ・ボナパルトのクーデタ。議会解散と普通選挙復活が布告され、主要議員を逮捕。 |
| 12.20~21 | クーデタの信任を問う国民投票（賛成743万票、反対64万票、棄権170万票）。 |
| 1852. 1. 4 | 新憲法（1852年憲法）公布。大統領が独裁権を得る。 |
| 11.21 | 帝政復活の是非を問う国民投票（賛成782万票、反対25万票、棄権200万票）。 |

### ▶第2帝政（1852.12〜1870.9）

| | |
|---|---|
| 1852.12. 2 | ルイ・ボナパルトが皇帝ナポレオン3世として即位。 |
| 1870. 9. 2 | 普仏戦争でフランスが降伏。 |
| 9. 4 | ナポレオン3世が退位。 |

# 関連年表

## ▶7月王政（1830.7〜1848.2）

| | | |
|---|---|---|
| 1830. | 7.27-29 | 7月革命。シャルル10世が退位し（8.2）、王政復古（1815年）で復活したブルボン朝打倒。 |
| | 8. 9 | オルレアン家のルイ・フィリップが国王に即位。 |
| 1848. | 2.23 | 2月革命。社会改革と選挙制度改革を求めて労働者が蜂起。 |

## ▶第2共和政（1848.2〜1851.12）

### 第1期：2月（革命）の時期

| | | |
|---|---|---|
| 1848. | 2.24 | ルイ・フィリップ退位。臨時政府（首班ラマルティーヌ）発足。 |
| | 3. 5 | 21歳以上の成人男子による普通選挙制布告。 |
| | 4.23 | 憲法制定議会の選挙。 |

### 第2期：共和制の制定または憲法制定国民議会の時期

――プロレタリアートとの闘争→ブルジョワ共和派による独裁→ルイ・ボナパルトおよび秩序党とブルジョワ共和派の対立

| | | |
|---|---|---|
| 1848. | 5. 4 | 憲法制定議会が開会。 |
| | 5.15 | パリのプロレタリアートが国民議会解散を要求するデモ。ブランキら共産主義者が逮捕。 |
| | 6.23 | 6月蜂起（国立作業場廃止に反対するプロレタリアートの蜂起）。 |
| | 11.12 | 共和国憲法（1848年憲法）公布。 |
| | 12.10 | 大統領選挙。ルイ・ナポレオンが553万票（得票率74.2%）を獲得して圧勝。 |
| 1849. | 5.27 | 憲法制定議会が解散。 |

# 凡　例

・本書は、Karl Marx: *Der achtzehnte Brumaire des Louis Bonaparte*, 2. Aufl., Hamburg: Otto Meißner, 1869 の全訳である。底本に用いた第2版は、バイエルン州立図書館（ＢＳＢ）のホームページで閲覧することができる（https://opacplus.bsb-muenchen.de/title/BV020515821）。
・右記オンライン版に合わせて、底本のページ数を［1（013）］のように訳文中で示した。
・原注は、（1）の形で示し、当該段落の直後に注本文を配置した。
・原文の（　）は、訳文中でもそのまま（　）とした。
・訳者による補足・注記を〔　〕で挿入した。通読の便宜のため、長いものでも本文中に入れる。
・原文におけるゲシュペルト（隔字体）の箇所は傍点で示した。なお、ひらがな書きが続く中で特定の語句を目立たせるために傍点を用いた場合もある。

# ルイ・ボナパルトのブリュメール18日

カール・マルクス著

第2版

ハンブルク
オットー・マイスナー書店
1869年

[III (009)]

# はじめに

早すぎる死を迎えた私の友人ヨーゼフ・ヴァイデマイアーが[1]、1852年1月1日から政治週刊誌をニューヨークで出そうと計画した。そして私に、あのクーデタの歴史について寄稿を依頼してきた。だから私は2月中旬まで毎週、「ルイ・ボナパルトのブリュメール18日」というタイトルで原稿を送った。そうこうするうちにヴァイデマイアーの当初の計画が挫折してしまった。彼は1852年春、週刊誌のかわりに月刊誌『革命』を出したのだが、その第2号〔正しくは第1号〕が私の「ブリュメール18日」だった。数百部が当時のドイツに持ち込まれたが、通常の書店の店頭に並ぶことはなかった。きわめて急進的な顔をしている書店主に、扱ってもらえないかと持ちかけてみたが、このような「時勢に逆らうような要求をされましても」と、まるで道学者のような顔をして驚かれた。

（1）　アメリカ南北戦争のあいだはセントルイス地区の軍司令官だった。

[IV (010)] この報告からおわかりだと思うが、本書に収めた文章は、事件の圧力をじかに感

じながら書かれたものであり、史料としても（1852年）2月までに限られている。この文章を今あらためて公刊するのは、一部には書店から注文があったからであり、また一部には、ドイツにいる私の友人たちから切望されたからである。

本書の執筆とほぼ同時期に同じ対象を扱った著作のなかで注目すべきものは、2点しかない。ヴィクトル・ユゴーの『小ナポレオン』とプルードンの『クーデタ』だ。

ヴィクトル・ユゴーは、クーデタの発行責任者に対して、辛辣で気のきいた悪口を浴びせることに終始している。事件そのものが、ユゴーの本では、青天の霹靂のように出現する。事件を、ひとりの個人の暴力沙汰としてしか見ていないのだ。ユゴーは自分が、この個人を小物ではなく大物にしてしまっていることに気づいていない。事件が起きたのは、世界史に類例のないようなかたちで個人が暴力的にイニシアティブを取ったからだと見なしているのだ。プルードンのほうは、クーデタを、先行する歴史の展開の結果として描こうとしている。けれどもプルードンの知らないうちに、クーデタの歴史を構築することが、クーデタの主役を歴史のなかで弁護することに変わっていく。こうしてプルードンは、いわゆる客観的な歴史家たちの誤りに陥っている。だが私が証明しているのは、ふたりとは逆のことだ。つまり、フランスの階級闘争のおかげで生まれた事情や環境があったからこそ、凡庸でグロテスクな人物が主役を演じることができたということである。

［V (011)］雑誌に発表した文章を書き直したなら、その文章が本来もっていた色調をなくし

ていただろう。だから私は、ミスプリントを修正し、今では伝わりにくくなってしまった当てこすりを削除するだけにした。

「しかし皇帝のマントがついにルイ・ボナパルトの肩にかかるなら、ナポレオンの銅像はヴァンドームの円柱のてっぺんから転がり落ちるだろう」。これは、本書のおしまいの文章だが、すでに現実になっている。

シャラス大佐が1815年の〔ワーテルローの〕会戦について〔1857年に〕手記を書き、ナポレオン崇拝に対する攻撃を開始した。それ以来、フランスの文筆界は歴史研究や批判や風刺やジョークを武器にして、ナポレオン伝説にとどめを刺した。それは、伝統的な民間信仰との暴力的な決別であり、とてつもない精神革命なのだが、フランス国外では、ほとんど注目されることもなく、それどころか理解すらされなかった。

最後に私としては本書が、いわゆるカエサル主義〔皇帝民主主義〕という常套句の排除に貢献することを望んでいる。この常套句は、今とくにドイツの学校の教科書でよく使われているが、このように表面的なアナロジーで歴史をながめると、肝心なことが忘れられてしまう。つまり古代ローマにおける階級闘争は、特権をもった少人数の内輪で、すなわち金持ちの自由民と貧乏な自由民のあいだで演じられていたにすぎないのに、生産にたずさわっていた大多数の人口、すなわち奴隷は、階級闘争をやっている当事者のための受動的な台座にすぎなかった。シスモンディの、あの含蓄のある言葉が忘れられているのだ。「ローマのプロレタリアートは社会に費用を負担してもらって生きていたが、〔VI (012)〕現代社会はプロレタリアートを犠牲にして生きている」。古典古代の階級闘争と現代の階級闘争の、物質的・経済的条件が、こんなふうにまったく違うのだから、その階級闘争の政治的産物にも共通点があるわけがない。〔ダビデをユダヤの王にした〕祭司長サムエルと〔イギリス国王に王冠を載せる〕カンタベリー大司教に共通点がないのと同じように。

カール・マルクス

1869年6月23日、ロンドン

[Ｉ(013)]

# ルイ・ボナパルトのブリュメール18日

〔「ルイ・ボナパルトのブリュメール18日」とは、ナポレオンの甥であるルイ・ボナパルトがクーデタによって共和国議会を解散した日（１８５１年12月２日）のことである。ちなみに「ブリュメール18日」は、ナポレオンがクーデタによって総裁政府を倒した１７９９年11月９日（共和暦８年霧月（ブリュメール）18日）のことである。マルクスは、ルイ・ボナパルトのことを「凡庸でグロテスクな人物」と見なしていたので、伯父にちなんで「ルイ・ナポレオン」と呼ぶことはなかった〕

## Ｉ

ヘーゲルはどこかで〔『歴史哲学講義』で〕、すべての世界史的な大事件や大人物はいわば二度あらわれる、と言っている。だが、こうつけ加えるのを忘れた。一度は悲劇として、もう一度は茶番《ファルス》として、と。ダントンのかわりにコシディエールが、ロベスピエールのかわりにルイ・ブランが、1793〜95年のモンターニュ派のかわりに1848〜51年のモンターニュ派が、伯父〔ナポレオン〕のかわりに甥〔ルイ・ボナパルト〕があらわれる。そして「ブリュメール18日」の第2版が出版される〔つまり、2回目のクーデタ「ブリュメール18日」が実行される〕状況では、まったく同じカリカチュアが描かれるのだ！

人びとは自分たちの歴史をつくる。けれども好きな材料でつくるわけでも、自分で選んだ状況でつくるわけでもない。自分たちの目の前にあり、自分たちに与えられ、手渡された状況でつくるのである。生きている者たちの脳には、死んだ全世代の伝統が悪夢のようにのしかかっている。そして生きている者たちがちょうど、自分やものごとを変革して、これまでになかったものを創造しようとしているように見えるとき、まさにそのような革命的な危機の時期には、彼らはおどおどしながら過去の亡霊を呼び出して、自分たちの役に立てようとする。亡霊たちから名前や、戦争のスローガンや、衣装を借りて、由緒正しい扮装をし、借りた言葉を使って、世界史の新しいシーンを上演するのだ。そうやってルターは使徒パウロに仮装した。1789〜1814年の革命は、飾りひだのついた衣装をまとって、ローマ共和国になったり、ローマ帝国になったりした。そして1848年の革命はせいぜいのところ、こちらでは1789年のパロディーを、あちらでは1793〜95年の革命的伝承のパロディーを演じることしかできなかった。そうやって、新しい言語を覚えたばかりの初心者は、いつもそれを自分の母語に翻訳するものだ。〔2 (014)〕しかし新しい言語を使うときに、翻訳もせず、先祖伝来の言葉を忘れるようになってはじめて、初心者は、新しい言語の精神を自分のものとし、自由に使いこなせるようになったと言えるのである。

世界史に残る死者たちを呼び出すこと。それをよく観察してみると、明らかな違いにすぐに気がつく。カミーユ・デムーラン、ダントン、ロベスピエール、サン・ジュスト、ナポレオンなど、旧フランス革命ではこれらの英雄たちも、各党派や大衆も、ローマの衣装を身につけ、ローマの常套句を使って、自分たちの時代の課題をなしとげた。近代市民社会というものを解き放ち、打ち立てたのである。ある者たちは封建領地を細かく分けて、そこに生えていた封建領主の首を刈り取った。また別の男〔ナポレオン〕は、フランス国内で、いろいろ条件を整えた。つまり、まず自由競争ができるようにし、分割土地所有を活用できるようにし、解放された国民の工業生産力を使えるようにしたのである。そしてフランスの国境を越えた地域では、必要と思われた場所ではどこででも、封建的な形態を一掃した。フランスの市民社会にふさわしく、時代に合った環境を、ヨーロッパ大陸に用意するためだった。新しい社会編成がとりあえず整備されると、大昔の巨人たちも、その巨人たちとともに復活したローマの流儀も、姿を消した。――ブルトゥス、グラックス、プブリコラのような人物も、護民官たちも、元老院議員たちも、カエサル本人も姿を消した。夢から覚めて現実に戻った市民社会では、セー、クーザン、ロワイエ＝コラール、バンジャマン・コンスタン、ギゾーなどの人物が、市民社会にとって本物の通訳やガイドになっていた。市民社会の現実の司令官たちはカウンターの後ろにすわっていた。脂肪太りした顔のルイ18世が、市民社会の政治の親玉だった。市民社会は富の生産に没頭し、競争という平和な闘いに明け暮れていたので、自分たちの揺りかごを守ってくれていたのがローマ時代の幽霊たちだったということが、もうわからなくなっていた。しかし市民社会にとってヒーローは無縁であるとはいえ、市民社会をこの世に定着させるためには、ヒロイズムが、犠牲が、恐怖が、内戦が、〔ライプツィヒの戦いのような〕諸国民の戦いが必要だった。そして市民社会の剣闘士たちは、ローマ共和国の古典のように厳格な伝承を、理想であり芸術形式だと考えた。そういう自己欺瞞が必要だったのは、自分たちの闘いが市民ゆえに制約されていることを自分たち自身に隠して、自分たちの情熱を歴史の大悲劇の高みに保っておくためだった。展開の段階はちがっていたが、1世紀前、似たようなことをクロムウェルとイングランドの民衆がやっていた。自分たちの市民革命のために、旧約聖書から言葉と情熱と幻想を借りていたのだ。[3 (015)] 現実の目的が達成され、イングランド社会が市民に合わせて改造されてしまうと、ロックが預言者ハバククを排除した。

これらの革命で死者たちを蘇らせたのは、だから、新しい闘いを賛美するためであって、昔の闘いのパロディーを演じるためではなかった。与えられた課題を空想のなかで誇張するためであって、課題の現実的な解決から逃げ出すためではなかった。革命の精神をふたたび見つけるためであって、革命の幽霊をふたたびうろちょろさせるためではなかった。

1848～51年にうろちょろしたのは、昔の革命の幽霊だけだった。黄色い手袋のダンディーな共和主義者マラストは昔の〔ジャン＝シルヴァン・〕バイイに変装し、あの山師〔ルイ・ボナパルト〕にいたっては、平凡で不快な顔立ちをナポレオンの鉄のようなデスマスクの下に隠していた。民衆全体は、革命のおかげで自分たちの運動の力が加速されたと思っているのだが、突然、死んでしまった時期に自分たちが引き戻された〔クーデタによって帝政が復活した〕のだと気づく。この逆戻りを勘違いだと思わせないように、昔の事例が起き上がってくる。昔の年代の数え方が、昔の名前が、とっくの昔に古本屋の博識と化していた昔の勅令が、とっくの昔に腐ってしまったと思われていた昔の権力の手先が。国民は、あの〔ロンドンの精神病院〕ベドラムの頭のおかしいイギリス人になった気分なのである。その男は、昔のファラオの時代に生きていると思い込んでいて、エチオピアの鉱山で金《きん》を掘らされている過酷な仕事を、毎日のように嘆いている。鉱山の地下牢に閉じ込められ、頭にはほの暗いランプをくりつけ、背後では長い鞭をもった監督が奴隷たちを見張り、出口は野蛮な傭兵たちでごった返している。傭兵たちは、鉱山で強制労働をさせられている者の言葉も、仲間の言葉も理解できない。みんなが共通の言葉をしゃべらないからだ。「なんで私がこんな目に」――と、頭のおかしいイギリス人がため息をつく。――「生まれながらに自由なブリテン人である私がこんな目に。それは、昔のファラオのために金《きん》をつくってやるためなんだ」。「ボナパルト家の借金を払ってやるためなんだ」――と、フランス国民はため息をつく。あのイギリス人は、正気のときは、金《きん》をつくるという固定観念から逃れることができなかった。フランス人たちは、革命をしているときは、〔1848年〕12月10日の選挙〔ルイ・ボナパルトが大統領に選ばれた〕が証明したように、ナポレオンの記憶から逃れることができなかった。フランス人たちは、革命の危険から逃げて、エジプトの肉鍋に戻りたかった〔旧約聖書『出エジプト記』16・3「我々はエジプトの国で、主の手にかかって、死んだほうがましだった。あのときは肉のたくさん入った鍋の前に座り、パンを腹いっぱい食べられたのに。あなたたちは我々をこの荒れ野に連れ出し、この全会衆を飢え死にさせようとしている」〕。そして1851年12月2日〔ルイ・ボナパルトのクーデタ〕が、その答えだった。フランス人たちは昔のナポレオンのカリカチュアを手に入れただけでなく、昔のナポレオン自身をもカリカチュアにしてしまった。実際、19世紀半ばには、彼はカリカチュアのように見えてしまうのだが。

19世紀の社会革命は、そのポエジーを〔4 (016)〕過去から汲むことはできない。未来からしか汲むことができない。19世紀の社会革命は、過去に対する迷信をすべてぬぐい去ってからでないと、自分をうまく扱うことができない。それ以前の革命では、その革命に固有の内容をぼやかすために、過去の世界史を思い出すことが必要だった。19世紀の革命では、その革命に固有の内容に到達するために、その死者を死者に葬らせるしかない〔新約聖書『マタイによる福音書』8・22〕。以前はフレーズが内容を超えていたが、今は内容がフレーズを超えているのだ。

〔1848年の〕2月革命〔国王ルイ・フィリップが退位〕は不意打ちだった。古い社会にとってサプライズだった。そして民衆は、その予期せぬ平手打ちを世界史的な行為だと宣言した。これでもって新しい時代が開かれたのだ、と。12月2日に2月革命がかき消されるのは、いかさま賭博師の切ったカードのせいだ。ひっくり返されたように見えるのは、もはや君主制ではなく、君主制から世紀ごしに闘って手に入れていたリベラルな譲歩のほうだ。社会そのものが新しい内容を獲得したのではなく、国家だけがその最古の形式に後退したように見える。恥知らずにもサーベルと修道服で有無を言わせず支配するという形式に。こんなふうにして1848年2月の平手打ち《クー・ド・マン》に対して1851年12月の頭突き《クー・ド・テット》が答えたのだ。不意に手に入ったものは、不意になくなる。そうこうするうち時間がむなしく過ぎ去ったわけではなかった。フランス社会は1848年から1851年のあいだに研究と経験の遅れを取り戻したのだ。しかも、革命がらみの方法だったから、短い時間で取り戻せたのである。2月革命が正規の、いわば教科書的な展開をしていたなら、研究と経験が革命に先行している必要があっただろう。もしも2月革命が表面的な揺さぶり以上のものであるべきなら。社会は今、革命の出発点よりも後ろに後退してしまっているように見える。実際、社会はまず革命の出発点を用意する必要があるのだ。状況が、環境が、条件が整ったときにはじめて、現代の革命は真剣なものとなる。

18世紀の革命である市民革命は、成功につぐ成功へと嵐のような勢いで進む。その劇的な効果を競い合い、人間や物もダイヤモンドに囲まれたように輝き、恍惚が日々の精神だ。しかし革命は短命で、すぐに絶頂に達したかと思うと、社会は二日酔いに長く苦しむ。そしてようやく酔いが醒めて学習し、革命の疾風怒濤期の成果を身につけることになる。19世紀の革命であるプロレタリア革命は、それとは逆に、いつも自分自身を批判する。革命の進行中にたえず立ち止まる。達成したと思えた地点に戻って、また新しく〔5 (017)〕始める。最初に試みたことが中途半端だったり、弱点があったり、粗末だったりすると、容赦なく徹底的にそれを馬鹿にする。革命の敵を投げ倒すのは、ただ、敵に大地から新しい力を吸わせて、敵がもっと巨大になって、革命に立ち向かってくるようにさせるためだけらしい。見当もつかないほど革命の目的が大きいので、革命は尻込みを何度もくり返す。尻込みをしなくなるのは、どんな後戻りもできない状況になったときだ。するとその環境のほうが、こう呼びかける。

ここがロードス島だ。ここで跳べ！
ここにバラがある。ここで踊れ！

〔イソップ寓話で、ホラ吹きが「ロードス島では最高の跳躍をした」と言い張ると、「じゃあ、ここで跳んでみろ」と言われる。ヘーゲルは『法哲学』序文で、ドイツ語のRhodos（ロードス島）をrhodon（ドイツ語ではRose〔バラ〕）と読み替えて、言葉遊びをしている。ヘーゲルは、未来のもっとましな国家に夢中になるのではなく、今ある国家の「ましな部分」を認めようという趣旨で引用しているのだが、マルクスの引用では、「未来」志向になっている〕

ところで、たとえフランスの歴史の展開を一歩一歩追いかけていなかったとしても、そこそこ観察していた者なら誰でも、「前代未聞のスキャンダルがこの2月革命に迫っているぞ」と予感したにちがいない。そう予感させるのに十分な例がある。〔亡命していた〕民主派の諸氏が、〔規定により次期大統領選挙が行われる〕１８５２年5月第２〔日曜日＝9日〕には〔民主派が勝利するという〕神の恵みが下ると信じて自己満足し、おたがいに勝利を祝福しあって、犬のようにキャンキャン吠えていたのだ。１８５２年5月第２〔日曜日〕は、連中の頭のなかで固定観念となっていた。ドグマになっていた。キリストが再臨して千年王国が始まるとされる日が、千年王国信奉者の頭のなかでドグマになっていたみたいに。弱さというものは、いつものように奇跡信仰に逃げ込んできたものだ。空想のなかで敵を魔法で消せば、敵を克服したのだと思った。目の前にある未来をなにもしないで賛美し、「こういう行動をやるつもりだけど、今はまだそれをお披露目する気がないだけさ」と言って、いろんな行動をなにもしないで賛美しているうちに、現在のことをまるで理解しなくなった。〔亡命中の民主派の〕ヒーローたちは、仲間内で同情しあって群れることによって、自分たちの証明済みの無能さを否定しようとする連中なのだが、〔帰国のために〕すでに荷物をまとめていた。自分たちの月桂冠を前もって受け取り、〔管区のない〕名義だけの共和国を手形市場で割り引かせるのに忙しくしている最中だった。彼らは慎み深い気質だったので、こっそり共和国閣僚名簿をすでに周到に用意していた。〔1851年〕12月2日〔のクーデタ〕は、彼らにとって青天の霹靂だった。そして、小心で不機嫌な時代には大声でわめく煽動家に自分たちの内心の不安をまぎらわせてもらいたがる連中も、〔ユーノー神殿の〕ガチョウのうるさい鳴き声が〔ローマの元老院があった〕カピトルの丘を救うことができた時代は終わったのだということを、もしかしたら納得したのかもしれない。

憲法が、国民議会が、王朝の党派〔ブルボン派とオルレアン派〕が、青い共和派〔ブルジョワ共和派〕と赤い共和派〔民主派と社会主義派〕が、アフリカの英雄たち〔アルジェリア植民地戦争のカヴェニャック将軍、ラモリシエール将軍、ブドー将軍〕が、演壇の雷が、日刊紙の稲光が、文筆界が、政界の名声と思想界の名声が、民法と刑法が、自由・平等・友愛が、1852年5月第2〔日曜日〕が――〔6(018)〕つまり、あらゆるものが消えたのだ。その敵にさえ魔法使いと呼ばれなかった男の呪文の前で、幻影のように。〔男子〕普通選挙権がほんの一瞬だけ生き残ったように見えたのは、ただその〔男子〕普通選挙権が、全世界の目の前で自筆の遺言状を書いて、民衆の名において自分でこう宣言するためにすぎなかった。「存在するものはすべて、滅びるに値しますからね」〔ゲーテ『ファウスト』で悪魔メフィストフェレスは、「生じるものはすべて、滅びるに値しますからね」と言う〕。

フランス人が言うように、「国民が不意を突かれてしまって」と言うだけでは十分ではない。国民にしても、女性にしても、「油断していたので」通りすがりの色男の山師に暴行されてしまったのです、と言って許されるわけではない。そんな言い方で謎が解けるわけではなく、謎が別の言い方をされただけである。どのようにして３６００万の国民が３人の産業騎士〔ルイ・ボナパルト、軍司令官マニャン、警視総監モーパ〕に不意を突かれて、無抵抗のまま捕虜にされてしまうのか。これが解明するべき謎だろう。

フランス革命が１８４８年２月24日から１８５１年12月までに走り抜けた段階を、大まかに要約してみよう。

主要な時期が３つあるのは明らかだ。まず２月〔革命〕の時期。つぎに１８４８年５月４日から１８４９年５月29日〔正しくは28日〕までの、共和制の制定または憲法制定国民議会の時期。そして１８４９年５月29日〔正しくは28日〕から１８５１年12月２日までの、立憲共和制または立法国民議会の時期。

第１期は、ルイ・フィリップが失脚した〔１８４８年〕２月24日から、憲法制定議会が開会した１８４８年５月４日まで。つまり本来の２月〔革命〕の時期は、革命のプロローグと呼ぶことができる。革命により即席でつくられた政府はみずからを臨時政府であると宣言した、ということにこの時期の性格が公式に表明された。そしてその臨時政府と同様に、この時期に提案され、試みられ、表明されたことは、すべて臨時のものであるとアナウンスされた。誰であれ、何であれ、存続や実行の権利を要求しようとはしなかった。革命を準備し、革命を決定的にしたあらゆる要素、つまり、王朝派野党〔オディロン・バローが率いる7月王政期の自由主義的野党〕も、共和派ブルジョワジーも、民主共和派の小市民層も、社会民主派の労働者層も、2月政府で手に入れたポストは、臨時のポストだった。

そうなるしかなかった。2月事件は、もともと選挙改革をめざしていた。選挙改革によって、所有階級そのものにおいて政治的特権をもつ者の輪をひろげ、〔7（019）〕金融貴族の独占支配を倒すつもりだったのだ。しかし実際に衝突が起き、民衆がバリケードに上がり、国民衛兵隊が消極的な態度をとり、軍隊が本気で抵抗せず、王室が逃亡すると、共和国は自明のもののように見えた。どの党派も共和国を自分の都合のいいように解釈した。プロレタリアートは武器を強引に手に入れていたので、共和国にスタンプを押して、社会的共和国であると宣言した。こうして現代の革命の一般的な内容が暗示されたわけだが、その内容は、今ある資材で、大衆が身につけていた教育水準で、与えられた事情や環境で、とりあえずすぐに実行できたあらゆるものとは、じつに奇妙なほど矛盾していた。その一方で、2月革命で働いたその他すべての有象無象の構成分子の要求は、臨時政府が手に入れた獲物のほとんどをライオンのように頂戴してもよろしいと認められていた。だから、どんな時期にも目にすることのないほど混乱したカラフルな絵柄が、目に飛び込んでくる。フレーズは舞い上がっているのに、実際は不確実で頼りない。どの時期よりも熱心に革新を指向するのだが、どの時期よりも徹底して昔のルーティーンが支配している。どの時期よりも社会全体が調和しているように見えるのに、社会の有象無象の構成分子のあいだの距離は、どの時期よりも深刻なのだ。パリのプロレタリアートが、自分たちの前に開けた大きなパースペクティブにふけり、社会問題について真剣に議論を重ねているあいだに、社会の旧勢力は、グループを組み、平静になって、正気に返っていた。そして大多数の国民を予期せぬ支えにできることに気がついた。農民と小市民である。彼らは、7月王政のバリアが倒された後、みんなで一挙に政治の舞台に飛び込んできたのだ。

1848年5月4日から1849年5月末までの第2期は、市民共和国の憲法制定つまり創設の時期だ。2月事件の直後は、王朝派の野党が共和派に不意打ちされ、共和派が社会主義者に不意打ちされただけでなく、フランス全体もがパリに不意打ちされた。1848年5月4日に召集された国民議会は、国民の選挙によって生まれたものであり、国民を代表するものだった。国民議会は、2月事件のあつかましい要求に対する生ける抗議だったわけで、革命の成果を市民の尺度に還元することが期待されていた。パリのプロレタリアートは、国民議会の性格をただちに見抜いて、その開会後まもない5月15日〔労働者のデモによって〕、国民議会の存在を力ずくで否定して、議会を解散させようとした。そして、国民の反動的な精神がプロレタリアートをおびやかしている有機的な形態である議会を〔8 (020)〕、個々の構成部分に分散させようとしたが、できなかった。5月15日の成果は、よく知られているように、ブランキとその仲間を、つまりプロレタリア政党の実際の指導者を、われわれが観察しているチクルスの全期間にわたって、公式の舞台から追い払うことでしかなかった。

「ルイ・フィリップの市民君主制につづくものとしては、市民共和制しか考えられません。すなわち、これまでは王の名において、ごく一部のブルジョワジーが支配していましたが、これからは民衆の名において、ブルジョワジーの全体が支配することになるでしょう。パリのプロレタリアートの要求はユートピア主義の戯言《ざれごと》ですから、口を塞《ふさ》いでやる必要があるのです」。憲法制定国民議会のこの声明に対して、パリのプロレタリアートは6月蜂起で応えた。ヨーロッパの内戦史上、最大規模の事件だった。市民共和制が勝利した。市民共和制の側についたのは、金融貴族、工業ブルジョワジー、中間層、小市民、軍隊、革命衛兵隊として組織されたルンペンプロレタリアート、知識人、坊主、農村民だった。パリのプロレタリアートの側についたのは、プロレタリア自身しかいなかった。蜂起した3000人以上が、勝負がついてから虐殺され、1万5000人が、判決なしに流刑となった。この敗北とともに、プロレタリアートは革命の舞台から背景に退く。プロレタリアートは、運動の新しい芽が伸びてきたように見えると、毎回すぐに前へ突進しようとするのだが、投入する力はどんどん少なくなり、つねに結果もますます尻すぼみになっていく。自分たちより上の社会階層の一部に革命の気運が高まっていると、プロレタリアートは彼らと結びついた。そしてさまざまな党派がつぎつぎに敗北していったので、プロレタリアートはすべての敗北をともにした。けれどもこういう追加決起は、社会の表面全体に分散すればするほど、どんどん力をなくしていった。議会やジャーナリズムにいるプロレタリアートのまともなリーダーは、つぎからつぎへと裁判で犠牲になり、ますますいい加減な人間がリーダーになっていった。プロレタリアートの一部は、教条的な実験に没頭する。交換銀行や労働者生産協同組合という運動だ。その運動では、プロレタリアート自身がもっている大きな手段を総動員して、古い世界を変革することを断念する。むしろそのかわりに社会の背後で、プライベートな流儀で、制約されたプロレタリアートの生存条件の範囲内で、プロレタリアートの救済を実現しようとするわけだから、[9 (021)] 必然的に失敗する。プロレタリアートは、自分自身に偉大な革命家の姿を再発見できるようには見えない。これまでの新しい関係から新しいエネルギーを獲得できるようにも見えない。そして、6月にプロレタリアートと共闘したすべての階級までもが、プロレタリアートと並んでぺっちゃんこになってしまった。だが少なくともプロレタリアートの敗北には、世界史に残る大きな闘いという名誉がついた。6月の地震〔＝6月蜂起〕には、フランスだけでなく全ヨーロッパが恐れおののいたのだ。けれども6月の地震の後につづいた、プロレタリアートよりも上の階級の敗北は、あまりにもあっけない敗北だったので、そもそも事件として通用させるためには、勝った側にずうずうしく誇張してもらう必要があった。おまけに、負けた党派がプロレタリアの党派から遠く離れていればいるほど、その敗北は恥ずかしいものになった。

ところで6月蜂起の反乱者たちの敗北は、たしかに敷地を用意し、地ならしをしていた。市民共和制の土台を固めて、その建築を可能にしたのだから。けれども彼らの敗北は同時に、ヨーロッパには「共和制か、君主制か」とは別の問題があることを示していた。つまり、「ヨーロッパでの市民共和制とは、ある階級が他の階級を無制限に専制支配することだ」ということを明らかにしたのだ。証明されたのは、以下のことである。旧来の文明諸国では、階級が発展して形成されており、生産条件が近代的であり、意識が知的なので、すべての伝承観念が何世紀にもわたる作業のおかげで解消されている。だからそもそも共和制とは、市民社会を変革する政治形式にすぎないのであって、たとえば北米の合衆国に見られるような、市民社会を保守する生活形式ではないのだ。たしかに合衆国にも、すでに階級はあるが、まだ固定しておらず、たえず流動的に階級の構成分子が入れ替わっている。合衆国では、近代的な生産手段が、停滞する過剰人口と重なるのではなく、むしろ頭脳と人手の相対的な不足を補っている。また最後になるが合衆国では、物質的な生産の熱に浮かされた若々しい運動が、新しい世界を手に入れるのに忙しく、古い精神世界を廃止する時間も機会もない。

すべての階級と党派が、6月蜂起のあいだに合体して秩序の党になって、無政府の、社会主義の、共産主義の党としてのプロレタリア階級に対抗していた。彼らは社会を「社会の敵」から「救った」のだ。旧社会のキーワード「財産、家族、宗教、秩序」を、合い言葉として彼らの軍隊にあたえ、反革命の十字軍にこう呼びかけた。「この〔10 (022)〕しるしの下で汝は勝利するであろう！」〔ローマ皇帝コンスタンティヌス1世（274頃～337年）は、312年のミルウィウス橋の戦いの前、空に、燃え上がる十字とこの言葉を見てから、キリスト教に改宗し、ローマ帝国でキリスト教を公認した〕 数多くの党派が6月蜂起の反乱者に対抗して集まっていたのだが、この言葉で呼びかけられた瞬間から、どの党派も、自分自身の階級的利害から革命的陣地を要求しようとすると、たちまち「財産、家族、宗教、秩序」という声の前に屈服するのである。社会は、社会の支配者の範囲が狭くなるたびに、より広範な利害に対して排他的な利害が主張されるたびに、まさに救われるのだ。市民のためのきわめて簡単な財政改革の要求も、きわめて平凡なリベラリズムの要求も、きわめて形式的な共産主義の要求も、きわめて表面的なデモクラシーの要求も、すべて即座に「社会の暗殺計画」として罰せられ、「社会主義」の烙印を押される。そして最後には「宗教と秩序」の大祭司たち自身が、〔デルポイのアポロン神殿の巫女〕ピュティアの椅子から足蹴にされて追い払われ、夜と霧にまみれてベッドから連れ出され、囚人護送馬車に押し込まれて、投獄または流刑となり、大祭司たちの神殿はぺっちゃんこにされ、その口は封じられ、そのペンは折られ、その法典は引き裂かれるのだが、それも「財産、家族、宗教、秩序」の名においてである。秩序に狂信的なブルジョワたちは自分の家のバルコニーで、酔っ払った兵士の群れに射殺され、彼らの家族の聖遺物が汚され、彼らの家が気晴らしに砲撃される。――それも「財産、家族、宗教、秩序」の名においてである。そしてついに、市民社会から吐き出されたクズたちが秩序という神聖な密集方陣をつくって、英雄クラピュリンスキー〔ハインリヒ・ハイネの詩「ふたりの騎士」に登場する浪費家のポーランド貴族で、この名前はフランス語のcrapule（大酒飲み、ならず者）に由来する。ルイ・ボナパルトのこと〕が、テュイルリー宮殿の住人となり、「社会の救い主」を名乗る。

## II

展開した歴史の糸をあらためてたぐってみよう。

6月事件〔＝6月蜂起〕以降の憲法制定国民議会の歴史は、共和主義的なブルジョワ会派の支配と解体の歴史である。その会派は、三色旗共和派、純粋共和派、政治的共和派、形式主義的共和派などの名前で知られている。

この会派は、ルイ・フィリップの市民君主制のもとでは、共和制を謳う公式の野党であり、したがって当時の政界で野党として公認されていた。議会には自分たちの代理人〔＝代議士〕をもち、ジャーナリズムにも相当な勢力をもっていた。この会派のパリの機関紙『ナシオナル』は、〔王朝派ブルジョワジーである秩序党の機関紙〕『ジュルナル・デ・デバ』と同様にリスペクトされていた。〔II（023）〕立憲君主制におけるこの会派の立ち位置から、この会派の性格が見える。それは、共通の大きな利害でまとまり、固有の生産条件という輪郭をもったブルジョワジーの会派ではなかった。共和主義を志すブルジョワ、著作家、弁護士、将校、役人たちの野合だったのである。その影響力をささえていたのは、ルイ・フィリップという人間に対する国内の反感であり、以前の共和制への記憶であり、一部の狂信的な共和主義信仰であり、そしてとりわけフランス・ナショナリズムだった。フランス・ナショナリズムはウィーン条約〔1815年のウィーン議定書のこと。メッテルニヒ主導のウィーン会議で、ナポレオンに勝ったヨーロッパ諸国により、フランスはフランス革命以前の領土に戻された〕を憎悪し、イギリスとの同盟を憎悪したが、その憎悪をこの会派はしっかり抱きつづけていた。『ナシオナル』紙は、ルイ・フィリップ治下でもっていた読者の大部分を、この隠された帝国主義のおかげで獲得していた。だからこの帝国主義が、後に共和制のもとでは、ルイ・ボナパルトという姿を借りて競争相手となって登場し、『ナシオナル』紙を壊滅させることになるのだが。『ナシオナル』紙が金融貴族と闘ったのは、他のすべての市民派野党と同じである。予算に対する攻撃は、フランスでは金融貴族との闘いにぴったり連動するので、人気獲得のためにはじつに安上がりな手段となり、ピューリタン的な社説にはじつに内容豊富な素材を提供してくれるので、これを使わない手はなかった。工業ブルジョワジーは、『ナシオナル』紙が奴隷のように文句も言わずフランスの保護関税制度を弁護してくれたことに感謝した。『ナシオナル』紙のほうは、国民経済的な理由というよりは国民的な理由によってその制度を受け入れたのだが。ブルジョワジー全体は、『ナシオナル』紙が共産主義と社会主義を憎々しく非難したことに感謝した。ちなみに『ナシオナル』紙の党は、純粋に共和主義的だった。つまり、ブルジョワ支配の形式が君主制ではなく共和制であることを望んだだけでなく、とりわけ、その支配からライオンのようにごっそり分け前をもらうことを望んだのだ。しかしこの支配形式転換の条件が、彼らにはまったく見えていなかった。逆に、火を見るより明らかで、ルイ・フィリップ治世末期の改革宴会〔1847年から48年1月まで、政府の弾圧を避けるためブルジョワ野党が「宴会」と称して、昼間に大通りで開いた集会〕で明言されたことだが、彼らは、民主派の小市民に、それからとりわけ革命的プロレタリアートにまるで人気がなかった。この純粋共和派は、だいたい純粋共和派というのはそういうものだが、2月革命が勃発して、純粋共和派のとくに有名な代表者たちにも臨時政府のポストがあてがわれたときにはもう、とりあえずオルレアン公妃の摂政で満足しようとしていた。彼らはもちろん最初からブルジョワジーには信頼されていたし、憲法制定国民議会では多数派を占めていた。執行委員会は、〔1848年5月の〕国民議会の召集時に〔12 (024)〕つくられたものだが、〔強力な権限をもっており〕ただちに臨時政府から社会主義の構成分子を排除した。そして『ナシオナル』紙の党は6月蜂起の勃発を利用して、執行委員会をも解散し、それと同時に自分たちにもっとも近いライバルである小市民的共和派、つまり民主的共和派（ルドリュ＝ロランその他）をも厄介払いした。カヴェニャックは、ブルジョワ共和派の将軍で、6月蜂起の鎮圧を指揮した人物だが、執行委員会のかわりに独裁者のような権力を手にした。『ナシオナル』紙の元編集長であるマラストは、憲法制定国民議会の常任議長となった。大臣や、その他の重要ポストもすべて、純粋共和派のものとなった。

共和派のブルジョワ会派は、ずっと前から自分たちを7月王政の正統な遺産相続人だと見なしていたのだが、自分たちの理想以上のものを手に入れた。支配するようにはなったが、それは、自分たちがルイ・フィリップ治世下で夢見ていたような、王権に対するブルジョワジーのリベラルな反乱によってではなく、資本に対するプロレタリアートの暴動を榴散弾でねじ伏せることによってだった。もっとも革命的な事件として想像していたことが、現実には、もっとも反革命的な事件として起きたのだ。木の実は彼らのふところに転がり込んだ。だが落ちてきた木の実は、〔人間を楽園から追放する〕知恵の木の実であって、〔人間を永遠に生きさせる〕命の木ではなかった。

ブルジョワ共和派の排他的な支配は、1848年6月24日から12月10日までしか続かなかった。その支配を要約すれば、共和制憲法の起草とパリの戒厳令である。

新しい憲法は、根本において１８３０年の〔7月王政の〕憲章の共和制版にすぎなかった。7月王政の窮屈な選挙人登録資格は、大部分のブルジョワジーさえ政治支配から閉め出すので、ブルジョワ共和制の存在とは相容れないものだった。2月革命はただちに〔3月に〕この登録資格のかわりに〔男子〕直接普通選挙権を宣言していた。ブルジョワ共和派としては、その宣言をなかったことにはできなかった。選挙区に6ヵ月以上居住という制限規定をつけ加えることで満足するしかなかった。行政、地方自治体、司法、軍隊など以前の組織は、そのまま無傷で存続した。または憲法によって変更が生じた場合、変更されたのは、内容の見出しであって、内容ではなかった。名前の変更であって、実体の変更ではなかった。

〔13 (025)〕 １８４８年、自由に関するお約束の参謀本部——つまり個人の自由、出版の自由、言論の自由、結社の自由、集会の自由、教える自由、宗教の自由などなど——は、憲法の制服をもらったので、傷つくことがなくなった。これらの自由はどれも、フランス市民の無条件の権利であると宣言されているからだ。だがそこにはつねに傍注が添えられている。つまり、それらの自由が無制限なのは、それらが「他人の同じ権利と公共の安全」に制限されない場合にかぎる。または、個人間の自由の調和や公共の安全との調和をはかるように定められた「法律」に、制限されない場合にかぎる。たとえば「市民には、結社をつくる権利、武装せず平和に集会をする権利、請願する権利、自分の意見を出版その他の方法で表現

する権利がある。これらの権利の享受は、他人の同じ権利と公共の安全によってのみ制限される」（フランス憲法第2章第8条）。——「教育は自由である。教育の自由の享受は、法の定める条件と国の監督のもとでなされるべきである」（同第9条）。——「どの市民の住居も、法の規定から逸脱しないかぎりは不可侵である」（第1章第3条）などなど。——こうやって憲法がつねに言及しているのは、将来、法律と法律が有機的に関連するということである。法律があの傍注を実行し、無制限の自由の享受を規制することによって、自由は他の自由とも、公共の安全とも衝突しないようになるわけだ。そしてその後、そのように有機的に関連する法律には、秩序の友〔＝秩序党〕が命を吹き込んだ。ブルジョワジーが自由を享受するときは他の階級の同じような権利と衝突することがないように、それまでの自由がすべて規制されてしまった。ブルジョワジーが「他人」に、これらの自由を全面的に禁じるか、まさに数多くの警察の罠でしかない条件のもとでその享受を認める場合、いつもそれは、憲法が定めているように、「公共の安全」のためにだけ、つまりブルジョワジーのためにだけ行われた。したがって、これらの自由をすべて廃止した秩序の友も、それらの自由をすべて確定せよと要求した民主主義者も、両方の陣営とも今後は当然のように憲法を引き合いに出すことになる。というのは憲法のどの条文にも、それ自身のアンティテーゼ、つまりそれ自身の上院と下院が含まれているからだ。つまり一般的なフレーズでは自由が語られ、傍注では自由の破棄が語られているのである。だから自由はその名前が尊重されて、その実際の遂行だけが邪魔されていたことになる。そのかぎりにおいて［14（026）］――これは法の道筋から言って当然のことだが――憲法における自由の存在は、傷ついたわけでも、侵害されたわけでもなかった。たとえ自由が普段の実生活でどんなに打ち殺されていたとしても。

この憲法は、傷つかないようにきわめて念入りに作られていたが、しかしそれでもアキレウスのように急所があった。ただし急所は踵《かかと》ではなく、頭にあった。しかも頭がふたつあった――ひとつは立法議会で、もうひとつは大統領だった――ので、憲法が迷子になったのだ。憲法にさっと目を通せば、気がつくと思うが、憲法に含まれている条文のなかで、大統領と立法議会の関係を規定した条文だけが、絶対的であり、具体的であり、矛盾がなく、歪曲できないものである。つまり、ここでブルジョワ共和派にとって重要なのは、自分たちの立場を安全確実にすることだったのだから。第45条から第70条までには、こんなふうに書かれている。「国民議会は大統領を憲法によって解任することができるが、大統領は国民議会を、大統領が憲法そのものを破棄することによってのみ、つまり憲法を無視することによってのみ解散することができる」と。つまり、憲法を破棄するには暴力で、と憲法が挑発しているのだ。ここでは権力分立が、1830年の憲章のように神聖視されているだけでなく、耐えがたい矛盾にまで拡張されている。立法権力と行政権力の議会での大喧嘩は、ギゾーに立憲権力ゲームと呼ばれたが、1848年の議会では、つねに一か八かの勝負になった。一方には、750人の民衆代表がいた。普通選挙権によって選ばれ、再選可能なこの民衆代表が、支配も解散もできない国民議会を構成するのだ。この国民議会が、立法の全権を受け取り、戦争や平和や通商条約を最終的に決定し、常時開会なので表舞台に立ちつづけている。もう一方には大統領がいた。国王の権力のすべての属性をもっており、国民議会から独立して大臣を任免する権限があり、執行権力のすべての手段を手中におさめていた。つまり、すべての官職をあたえることで、つまりフランスでは少なくとも150万人以上の生活を左右していたのだ。というのもそれだけの頭数が、50万人の役人と全階級の将校に扶養されていたのだから。大統領の後ろには、すべての武装勢力が控えていた。大統領には、個々の犯罪者に恩赦をあたえる特権、国民衛兵の職務を停止する特権、市民の手で選ばれた県会議員、郡会議員、市町村会議員を国家参事会の同意をえて解任する特権があった。外国とのすべての条約についてイニシアティブとリードを任されていた。議会はつねに舞台のうえで演技をし、みんなの批判という白日の下に〔15 (027)〕さらされているが、大統領はエリゼの楽園〔大統領が執務していた「エリゼ宮」のもじり〕で、ひっそり隠れて暮らしていた。しかも毎日のように〔トラピスト会修道僧の挨拶のように〕「兄弟よ、死すべき定めなり」と呼びかける憲法第45条〔大統領の任期を定めている〕を、目に浮かべ、心に浮かべていた。「お前の権力は、お前が選ばれた4年目の晴れた5月の第2日曜日に終わるのだ！　すると栄華は終わり、芝居の再演はない。借金があるなら、憲法によりお前に支給が定められている60万フランで返済できるよう、早めに心がけておけ。晴れた5月の第2月曜日に、〔パリの債務者監獄〕クリシーに送られたくなければ！」――憲法はこうして大統領には実際の全権力を付与するのだが、国民議会には道徳的な権力を保障しようとしているのだ。法律の条文によって道徳的な権力をもたらすことは不可能な話だが、それを別にしても憲法はここでは、大統領をすべてのフランス人に直接選挙によって選ばせるわけだから、あらためて自分で自分を相殺していることになる。フランスの声が国民議会の750人のメンバーに分散されるのに対して、大統領の場合はたった1人の個人に集中する。個々の民衆の代理人のひとりひとりは、こちらの政党かあちらの政党、こちらの町かあちらの町、こちらの橋頭堡かあちらの橋頭堡を代表しているにすぎない。あるいは、問題も人物もよく見極めないまま、750人から任意の1人を選ぶという必然性だけを代表しているにすぎない。ところが大統領は、国民に選ばれた者であり、大統領を選ぶという行為は、主権をもっている民衆が4年に1度だけ出す大事な切り札なのだ。選ばれた国民議会と国民の関係は形而上学的なものだが、選ばれた大統領と国民の関係は個人的なものである。たしかに国民議会は、個々の代理人〔＝代議士〕において国民精神の多様な側面をあらわしているのだが、大統領は、国民精神を受肉している。国民議会に対して神権のようなものをもっている。大統領は民衆の恩寵による存在なのだ。

海の女神テティスはアキレウスに、「お前は若い盛りのときに死ぬだろうね」と予言した。アキレウスのように急所がある憲法は、「アキレウスのように、私は早死にするにちがいない」と予感していた。憲法作成中の純粋共和派は、彼らの理想の共和国という雲の上から俗世界をちらっと見ただけで、自分たちが立法という自分たちの偉大な芸術作品の完成に近づくにつれて、王党派やボナパルト派や民主派や共産主義者の思い上がりと、自分たちに対する不信感が、毎日のように高まっていくのがわかった。だからテティスが海から上がって、彼らに秘密を知らせてやる必要もなかった。その宿命〔16 (028)〕を純粋共和派は、ちゃっかり憲法を利用して出し抜こうとした。憲法第１１１条だ。それによると、憲法改正の提案はすべて、３回の継続審議で、４分の３以上の賛成票が必要だった。おまけに審議と審議のあいだには１ヵ月以上の空白が必要で、しかも投票には国民議会の議員５００人以上の出席が前提とされていた。純粋共和派は、議会内少数派になることを内心ではすでに予言者のように認めており、それでもこの第１１１条によって権力を行使しようとしたのだが、それはむなしい努力にすぎなかった。その権力は、純粋共和派が議会内多数派を意のままにし、統治権力のすべての手段を意のままにしていた瞬間にも、純粋共和派の弱々しい手から毎日のようにどんどん抜け落ちていたのだ。

　最後に憲法は、メロドラマのような条文〔第１１０条〕で、自分自身を「フランスの民衆全体ならびに個々のフランス人全員の警戒心と愛国心」にゆだねている。だがその前にすでに別の条文で憲法は、「警戒心がある者」と「愛国心がある者」を、とくに憲法がみずから発明した重罪裁判所「高等法院《オート・クール》」の優しくて仮借ない親切心にゆだねていた。

それが1848年の憲法だった。その憲法は1851年12月2日、頭〔＝大統領〕によってひっくり返されたのではなく、ただ帽子にさわっただけでひっくり返った。もっともその帽子は、三角形のナポレオン帽だったのだが。

ブルジョワ共和派が議会で、この憲法についてあれこれ考え、議論し、投票しているあいだに、カヴェニャック〔将軍〕は議会の外でパリの戒厳令を維持していた。パリの戒厳令は、共和制を生もうとして陣痛に苦しんでいる憲法制定議会の助産師だった。この憲法はのちに銃剣によってこの世から抹殺されることになるが、忘れてならないことがある。この憲法は、胎内にいるときからまさに銃剣によって、しかも民衆に向けられた銃剣によって守られ、銃剣によってこの世に産み落とされるしかなかったのだ。「根っからの共和派」のご先祖は、自分たちのシンボルである三色旗にヨーロッパ・ツアーをさせていた。「根っからの共和派」のほうも、〔1791年に〕ある発明をした。その発明は勝手に大陸全土に広まったが、いつも愛情を新たにしてフランスに戻ってきて、今ではフランスの半数の県で市民権を獲得している。――戒厳令のことだ。このすばらしい発明は、フランス革命の進行中に危機が起きるたびに、周期的に適用された。しかし兵営と野営が、こうやってフランス社会の頭上に周期的に置かれると、フランス社会の〔17(029)〕脳は締めつけられ、みんなおとなしくなった。サーベルとマスケット銃が周期的に、裁判官や行政官になり、後見人や検閲者になり、警官や夜警になった。口ひげと軍服が周期的に、社会の最高の知恵であり、社会の校長先生であると吹聴された。――結局のところ、兵営と野営、サーベルとマスケット銃、口ひげと軍服は、むしろきっぱり社会を救ってやろうと思いついたにちがいないのではないか？　つまり自分たちのレジームこそが最高であると宣言し、市民が市民を統治するという心配を市民社会からそっくり取り除いてやればいいわけだから。兵営と野営、サーベルとマスケット銃、口ひげと軍服は、功績が大きくなれば、もっと多くの現金払いが期待できるとなると、ますますそう思ったにちがいない。ところが、あちらこちらのブルジョワ分派の命令で、戒厳令を敷いても周期的なものにすぎず、社会を救っても一時的なもので、数人の死傷者と数人の市民の友好的なしかめ面を別にすれば、実入りはほとんど何もなかった。そのうち軍隊がついに自分自身のために利益を得ようとして、戒厳令を敷くと同時に、ブルジョワの財布を包囲攻撃しても不思議ではないのではないか。ちなみに述べておくが、ベルナール大佐のことも忘れないでいただきたい。この軍事委員会の委員長は、カヴェニャックのもとで1万5000人の反乱者を判決なしで流刑にした男だが、この瞬間〔マルクスが執筆中の1852年1月〕ふたたび、パリで行われている軍事行動の先頭に立って動いているのだ。

根っからの共和派である純粋共和派は、パリの戒厳令によって、1851年12月2日〔ルイ・ボナパルトのクーデタ〕の親衛隊を大きく育てることになる温床を設置したわけだが、それとは逆に称賛に値することもやっている。つまり純粋共和派は、ルイ・フィリップ治下のように国民感情をあおることはせず、国民の力をコントロールできるようになった今、外国にひざまずき、イタリアを解放するかわりに、イタリアをオーストリア人とナポリ人にふたたび占領させたのだ。ルイ・ボナパルトが1848年12月10日に大統領に選ばれたことによって、カヴェニャックと憲法制定議会の独裁に終止符が打たれた。

憲法第44条には「フランス共和国大統領は、フランス市民としての資格を失ったことがあってはならない」と書かれている。フランス共和国の初代大統領、L〔ルイ〕・N〔ナポレオン〕・ボナパルトは、フランス市民としての資格を失っていただけでなく、イギリスの特別警官であっただけでなく、〔1832年以降は〕帰化スイス人でもあった。

［18（030）］私は別の場所〔『フランスにおける階級闘争』第2章〕で、12月10日の選挙の意義を説明しておいた。ここではそれには戻らない。ここではその選挙が、2月革命のコストを払わざるをえなかった農民の、その他の階級の国民に対する反動だったこと、都市に対する農村の反動だったことを、述べておけば十分だ。ボナパルトの選出は、『ナシオナル』紙の共和派から栄誉も特別手当ももらえなかった軍隊のなかで、とても評判がよかった。ボナパルトを君主制への橋渡しだと歓迎した大ブルジョワジーのあいだでも、ボナパルトをカヴェニャックに対する鞭として歓迎したプロレタリアや小市民のあいだでも、とても評判がよかった。農民とフランス革命の関係は、後で機会を見つけて詳しく触れるつもりである。

1848年12月20日〔のルイ・ボナパルト大統領就任〕から1849年5月の憲法制定議会解散までの期間に、ブルジョワ共和派の没落の歴史が含まれている。ブルジョワ共和派は、ブルジョワジーのための共和国を建設し、革命的プロレタリアートを陣地から追い払い、民主派の小市民をさしあたり沈黙させてしまうと、今度は自分たちが、ブルジョワジーの大衆に押しのけられる。この共和国は私たちが所有しているものですよ、と正当にも差し押さえられるのだ。この大ブルジョワジーは、ところで王政支持だった。その一部である大地主は、王政復古〔1814～30年〕のときには支配者側だったので、正統王朝派だった。他の一部である金融貴族と大工業家は、7月王政〔1830～48年〕のときには支配者側だったので、オルレアン派だった。軍隊、大学、教会、弁護士会、アカデミー、ジャーナリズムのお偉方たちは、その割合がさまざまであるとしても、両方の派に分かれていた。この市民共和制は、ブルボンという名前も、オルレアンという名前ももっておらず、そのかわり資本という名前をもっていたのだが、両派はそこに、自分たちが共同で支配できる国家形式を見出したのである。6月蜂起があったおかげで、両派がまとまって「秩序党」になっていた。今とりあえず大事なのは、国民議会にまだ議席をもっているブルジョワ共和派の徒党を排除することだった。じつに野蛮な話だが、この純粋共和派〔＝ブルジョワ共和派〕は、民衆に対して物理的暴力をじつに残酷に乱用していたのだが、今度は自分たちが、執行権力と王政派に対して共和主義と立法権を守るべき段になると、じつに臆病で、蚊の鳴くような声で、意気地なく、うちひしがれ、闘うこともできずに退散した。恥ずべきその解体ぶりをここで物語る必要はない。それは消滅であって、没落ではなかった。彼らの［19 (031)］

歴史は永久に役割を終えたのだ。議会の中であれ、議会の外であれ、それ以降の時期に彼らがあらわれるとしても、たんなる思い出にすぎない。名ばかりの共和制が問題になるとすぐに、そして革命での対立が最低水準にまで落ちぶれそうになるたびに、彼らの思い出がよみがえってくるように思えるだけだ。ちなみに言っておくと、この党派の名付け親である新聞『ナシオナル』は、次の時期には社会主義に改宗する。

この時期をおしまいにする前に、もう一度この両方の勢力をふり返って見ておく必要がある。そのうちの一方が他方を1851年12月2日に〔ルイ・ボナパルトのクーデタで〕壊滅させるのだが、両者は、1848年12月20日〔のルイ・ボナパルト大統領就任〕から〔1849年5月の〕憲法制定議会の退場までは夫婦の関係だった。つまり一方はルイ・ボナパルトであり、他方は王党派が連合した党、つまり秩序党、つまり大ブルジョワジーの党だった。大統領に就任するとボナパルトはすぐに秩序党の内閣を組閣し、そのトップにオディロン・バローを置いた。忘れないでもらいたいが、議会内ブルジョワジーでもっともリベラルな会派の、以前のリーダーだ。このバロー氏は、1830年以来、内閣の幽霊に取り憑かれていたが、ついに内閣を仕留めた。いやそれどころか、その内閣で首相になったのだ。しかしそれは、彼がルイ・フィリップ治下で妄想していたような、議会内野党でもっとも進歩的な党首ではなく、議会を抹殺するという使命を託され、イエズス会や正統王朝派など不倶戴天の敵全員と同盟して、という話だった。バローはようやく花嫁を迎えたが、すでに花嫁は身売りして汚されていた。ボナパルト自身は、皆既日食のように完全に隠れているように見えた。あの党〔＝秩序党〕がボナパルトのかわりに動いた。

最初の閣議ですぐにローマ出兵が決定された。ローマ出兵は国民議会に知らせずに実行し、その費用は国民議会から偽《にせ》の口実でもぎ取ることで意見が一致した。こうして国民議会に対する詐欺が始められ、また外国の絶対主義勢力と組んで革命的ローマ共和国に対する秘密の謀議が始められた。ボナパルトは、それと同じやり方で、それと同じ策略で、王政派の立法議会とその立憲共和国に対する12月2日の不意打《クー》ちを準備した。1848年12月20日にボナパルトの内閣をつくったのと同じ党が、1851年12月2日には立法国民議会の多数派だったことを、忘れないでおこう。

憲法制定議会は、憲法を補完することになる一連の関連法をすっかり仕上げて公布するまでは解散しない、という決議を〔1848年〕8月にやっていた。だが秩序党は［20（032）］1849年1月6日、代議士ラトーを通じて議会に、憲法関連法の棚上げだけでなく、むしろ議会解散決議を提案した。その瞬間、オディロン・バロー氏を首班とする内閣だけでなく、国民議会の王政派議員の全員が、議会で横柄な口調でわめき立てた。「内閣の解散が必要なのは、信用を回復し、秩序を堅牢にするためなんですよ。あいまいな暫定措置を終わらせて、確固たる状態にするためにね。議会が新政府の生産性の邪魔をして、たんなる恨みから自分の寿命を引き延ばそうとしている。国民はみんな、議会にうんざりなんですよ」。ボナパルトは、立法権力に対するこれらの悪口雑言がどれも忘れられず、全部暗記した。そして1851年12月2日、議会の王政派に対して、「私はね、あなた方から教わったんですよ」ということを証明した。彼らが使った悪口雑言を、彼らに向かってくり返したのだ。

バロー内閣と秩序党はさらにエスカレートした。「国民議会よ、どうかお願いですから消えてください」と国民議会に請願するよう、フランス全土に呼びかけたのだ。こうやって彼らは、国民議会、つまり憲法によって組織された民衆の言葉に対して、組織されていない大衆をけしかけたのである。バロー内閣と秩序党は、議会から民衆に訴えることをボナパルトに教えた。ついに1849年1月29日、憲法制定議会が自分たちの解散を決議させられる日になった。国民議会は、自分たちの議事堂が軍隊に占拠されていることに気がついた。秩序党の将軍シャンガルニエは、国民衛兵隊と常備軍に対する最高指揮権を握っていたので、まるで戦闘が目前に控えているかのような、大がかりな閲兵式をパリでやった。そして王政派の連合が憲法制定議会をはっきりと脅迫した。「その気がないのなら、無理やりそうしてもらうぞ」〔ゲーテのバラード「魔王」の魔王のせりふ——「坊やにその気がないのなら、無理やり連れてっちゃうぞ」——を下敷きにしている〕。憲法制定議会は言うことを聞き、なんとか命乞いをしてごく短期間の猶予をもらった。この〔1849年〕1月29日は、1851年12月2日のクーデタとどこに違いがあったのだろう？　前者は、ボナパルトと組んで王政派が共和派の議会に対してやっただけのことである。紳士諸君は気がつかなかった。あるいは気づこうとしなかったのだが、ボナパルトはすでに１８４９年1月29日を利用して、軍隊の一部をテュイルリー宮殿の前で分列行進させて、自分も閲兵した。まさにこの最初の公然たる軍隊動員には議会権力に対抗する意味があったのだが、ボナパルトはそれをがっちり利用して、自分がカリグラ〔ローマ帝国の皇帝（在位37～41年）で、残忍で浪費癖のある横暴な専制君主として知られる〕であることをほのめかしたのだ。しかし紳士諸君は、自分たちのシャンガルニエしか見ていなかった。

　暴力を使ってでも憲法制定議会の寿命を短くしたい。〔21(033)〕秩序党にそう思わせた特別な動機がもうひとつあった。教育法、信教法など、憲法を補完する関連法だ。王政派の連合にとって何よりも大事だったのは、それらの法律を自分たちの手でつくることであり、信頼できなくなった共和派にはつくらせないことだった。ところでそれらの憲法関連法のなかには共和国大統領の責任に関する法律もあった。１８５１年、立法議会はちょうどその種の法案の起草に取り組んでいたのだが、そのときボナパルトがその〔議会＝法律による〕不意打ち《クー》に先手を打って、12月2日の不意打ち《クー》をやったのだ。もしも王政派の連合が、１８５１年の議会の冬の会戦で、大統領責任法を、それも信頼できぬ憎《にっく》き共和派議会で作成された大統領責任法を、仕上げて先に通していたら、それに対して王政派の連合はどんな代価も惜しまなかっただろうに！

　１８４９年1月29日に憲法制定議会は、自分たちの最後の武器を自分たちで壊してしまってから、バロー内閣と秩序の友に追いつめられて死に体になった。バロー内閣と秩序の友は、議会を侮辱できそうなことなら何でもやった。そして自暴自棄になっている議会の弱みにつけこんで、議会の観客の尊敬の最後の一片までをも失わせるような法案を、議会に出させた。ボナパルトはナポレオン的固定観念〔ルイ・ボナパルトは『ナポレオン思想〔＝ナポレオン的観念〕』（1839年）のなかで、自分の政治理念（秩序と自由と再建を大事にする皇帝民主制）を述べている〕に取り憑かれていたので、遠慮することなく、そのような議会権力の侮辱を公然と利用した。つまり、1849年5月8日に国民議会が内閣に対し、ウディノによる〔ローマ近郊の〕チヴィタヴェッキア占領を理由に非難決議をして、ローマ出兵をその申告どおりの目的〔ローマ共和国を守ること〕に戻すよう命じたとき、ボナパルトはその日の夕方、〔官報〕『モニトゥール』にウディノ宛の手紙を発表して、ウディノの武運を祈り、杓子定規な議員とは逆に自分は太っ腹な軍隊の擁護者のようなふりをした。王政派はそれを見て鼻で笑った。ボナパルトのことをだましやすい男だと思ったのだ。とうとう、憲法制定議会の議長マラストが、国民議会の安全がおびやかされていると思った瞬間があった。そこで憲法にもとづき、ひとりの大佐に彼の連隊ごとの出動を要請したところ、その大佐は拒否して、軍規を盾に、マラストにシャンガルニエ将軍のところに行ってほしいと言った。シャンガルニエは、「インテリの銃剣は虫が好かんのでね」と言って、マラストを嘲笑して追い返した。1851年11月、王政派の連合がボナパルトとの決戦を始めようとしたとき、彼らは、国民議会の議長が直接軍隊を徴用できるという原則を、悪名高いクワエストル法案〔古代の共和政ローマの財務官・公文書官（クワエストル）にちなみ、国民議会では経済・財務・安全保障委員会をクワエストルと呼んだ〕で通そうとした。彼らの将軍のひとり、ル・フローがこの法案に署名していた。シャンガルニエが〔22（034）〕この提案に賛成し、ティエールがかつての憲法制定議会の用意周到な知恵に敬意を表したが、無駄だった。ティエールに対する陸軍大臣サン・タルノーの答えは、マラストに対するシャンガルニエの答えと同じだった。しかも今回は――モンターニュ派の喝采を浴びながら！

こうして秩序党は、彼らがまだ国民議会ではなく、たんなる内閣にすぎなかったときに、自分たちの手で議会レジームに烙印を押してしまったのだ。そして議会レジームが1851年12月2日〔のクーデタ〕によって追放されるとき、秩序党が悲鳴をあげる！

われわれは議会レジームに旅の幸運を祈るのである。

## Ⅲ

1849年5月29日〔正しくは28日〕、立法国民議会が開会した。1851年12月2日、立法議会が爆破された。この時期が、立憲共和制または議会共和制の生存期間である。第1次フランス革命では、立憲派の支配のあとにジロンド派の支配がつづき、ジロンド派

に支えられていた。どの党派も、自分たちより進歩的な党派に支えられていた。どの党派も、革命を十分にリードしてしまうと、もう革命についていけなくなり、ましてや革命の先に立つこともできなくなる。するとたちまち、自分たちの後ろにいた、自分たちよりも大胆な同盟に押しのけられ、ギロチンに送られる。革命はこんな具合に上昇線をたどっていった。

これと逆なのが1848年の革命だ。プロレタリアの党は小市民的民主派の党の付録としてあらわれた。そして4月16日、5月15日、6月事件に、小市民的民主派の党に裏切られ、見捨てられた。民主派の党はといえば、ブルジョワ共和派の党の肩に寄りかかった。ブルジョワ共和派は、自分がしっかり立っていると思うようになるやいなや、邪魔な戦友をふり払い、自分は秩序党の肩にもたれかかった。秩序党は肩をすぼめて、ブルジョワ共和派をひっくり返し、自分は武装権力の肩に飛び乗った。まだ武装権力に肩車をしてもらっていると思っていたのに、ある晴れた日の朝、その肩が銃剣に変わっていたのに気がついた。どの党も、前に突進している党に後ろから襲いかかり、後退している党に前からもたれかかった。だから当然、そんな滑稽な体勢なのでバランスを失い、お約束の〔23 (035)〕しかめっ面をしてから、〔馬がジャンプした体勢のまま後肢を蹴り出す〕妙技のカプリオールを披露しながら倒れたのである。革命がこんな具合に下降線をたどっていったのは、2月〔革命〕の最後のバリケードが撤去され、最初の革命官庁が設立される前の話だ。

われわれの目の前にある時期では、けばけばしい矛盾が派手に混じり合っている。立憲派は、公然と憲法に対して陰謀を企てている。革命派は、自分たちでも立憲主義的であると認めている。国民議会は、全権を握りたいくせに議会制を守っている。モンターニュ派は、がまんすることを自分たちの天職と思い、未来の勝利を予言することによって現在の敗北を受け流している。王政派は、共和国の元老院メンバーでありながら、事情があって、国外では〔ブルボン家とオルレアン家という〕相敵対する王家をそれぞれ支持し、フランス国内では自分たちが憎んでいる共和国を支持している。執行権力は、自分たちの弱さを自分たちの強さであるとすら思い、自分たちへの軽蔑を自分たちへの尊敬と思っている。共和制は、王政復古と7月王政という2つの君主制をくっつけた卑劣な代物に、帝国主義のレッテルを貼ったものにすぎない。——結びつきといっても、その最初のただし書きが別居であり、闘いといっても、その最初の掟が決着をつけないことなのだ。平穏の名において荒唐無稽なアジテーションをし、革命の名において平穏をなんともおごそかに説く。情熱に真実はなく、真実には情熱がない。英雄といっても英雄の行為がなく、歴史といっても事件がない。展開は、日めくり暦《カレンダー》がその唯一の推進力のようだが、同じ緊張と弛緩をずっとくり返すので、うんざりする。対立といっても、周期的に頂点に達するように見えるだけで、しだいに鈍くなって衰えていくのだが、解消されることはない。世界没落の危険を前にして、これ見よがしにがんばってみせ、市民らしく驚いている。と同時に救世主たちが、ちまちました陰謀や宮廷喜劇を演じるのだが、なりゆき任せの姿勢は、最後の審判の日というよりは、フロンドの乱〔1648〜53年。ルイ14世の時代に、貴族たちが反乱を起こしたが、まとまりのない反乱だったために打倒され、逆に絶対王政が確立した〕の時代を思い出させる。——フランスは天才の国だと公認されているのに、ちゃっかり愚かなたったひとりの個人のせいで、面目をつぶされる。国民全体の意思は、普通選挙権で語られるのだが、そのたびに、自分にふさわしい表現を大衆の利害という時効切れの敵のなかに探し、とうとうカリブの海賊〔ルイ・ボナパルト〕の個人意思のなかにそれを見つけることになる。歴史のどこかひとこまが灰色の画面に灰色で描かれているのなら〔ヘーゲルは『法哲学概要』序文で「哲学が灰色の地に自分の灰色を描くなら、生の姿は老けてしまう。灰色の地に灰色だと、生の姿は若返ることはなく、認識されるだけだ。ミネルヴァのフクロウは、日が暮れてきてようやく飛びはじめる」と書いている。マルクスはこの有名な一節を引用しているわけだが、ヘーゲルの灰色が認識の色であるのに対し、マルクスの灰色は、姿形が見えない影の世界であり、そこではもはや理性を認識することができない〕、これがそれだ。人間と事件が裏返された〔24 (036)〕〔影を売った男〕シュレミールとしてあらわれる。つまり、身体《からだ》をなくしてしまった影としてあらわれる。革命のくせに革命のにない手を麻痺させて、革命の敵にのみ激しい暴力を許すのだ。「赤い幽霊」〔1848年の意気地なしの革命共和派のこと。1851年に前警視総監がパンフレット『1852年の赤い幽霊』を出していた〕は、反革命派につねに呪文で呼び起こされて調伏されていたのだが、ようやく姿をあらわしたときには、無政府のフリジア帽〔ジャコバン派の帽子で、フランス革命の象徴〕を頭にかぶっておらず、秩序党の制服である不恰好な赤いズボンをはいていた。

すでに見てきたように、そのボナパルトが1848年12月20日、つまり彼の昇天〔大統領就任〕の日に任命した内閣は、秩序党の、つまり正統王朝派とオルレアン派の連合の、内閣だった。このバロー＝ファルー内閣が、共和派の憲法制定議会の寿命を多少とも力ずくで縮めたのだが、まだこの憲法制定議会を越冬させていて、まだその舵を取っていた。連合王政派の将軍シャンガルニエは、ひきつづきひとりで〔パリ防衛の常備軍〕第1師団と〔民間の〕パリ国民警備隊をまとめて総司令官をやっていた。そして総選挙で、ついに秩序党が国民議会の大多数の議席を確保した。その議会ではルイ・フィリップ治下の下院議員と貴族〔上院議員〕が、正統王朝派の聖なる群れと顔を合わせた。数多くの国民の投票用紙がこの群れの政治舞台への入場券に変身していたのだ。ボナパルト派の民衆代表〔代議士〕は、議会畑に蒔いた種の数があまりにも少なかったので、議会で独立した党をつくれなかった。秩序党の出来の悪い最後尾にしかなれなかった。こうして秩序党は、政権と軍隊と立法機関を、つまり国の全権力を手に入れて、士気も高まっていた。なにしろ、普通選挙のおかげで、秩序党の支配が民衆の意思だと思わせることができたのだし、ヨーロッパ全土で反革命が同時進行で勝利したのだから。

ひとつの党が、こんなに大きな手段をもち、こんなに有利な後方支援をえて、作戦を開始したことはなかった。

難破した純粋共和派は、立法国民議会では約50人の徒党に縮小してしまい、その先頭にいたのは、カヴェニャック、ラモリシエール、ブドーなどアフリカ派遣の将軍だった。大きな野党をつくっていたのはモンターニュ派だった。議会用のこの洗礼名は社会＝民主派の党が自分でつけた。モンターニュ派の議席は、国民議会の750議席のうち200以上あった[25 (037)]ので、少なくとも秩序党の3分派のどれか1つと同じ勢力をもっていた。王政派連合の全体と比較すればモンターニュ派は少数派だが、特別な事情がそれを埋め合わせているように見えた。地方選出選挙で農村住民から相当な支持があっただけではなかった。パリ選出の代議士のほとんど全員がモンターニュ派だったし、軍隊は3人の下士官の選出によりモンターニュ派支持を表明していた。モンターニュ派のボスであるルドリュ＝ロランは、5つの県の投票を一身に集めていたので、秩序党のすべての代議士とはちがって、議会では貴族の身分になっていた。というわけでモンターニュ派は1849年5月29日には、王政派内での衝突や秩序党全体とボナパルトの衝突が避けられないこともあって、成功に必要なすべての要素を備えているように見えた。だが14日後、モンターニュ派は、名誉も含め、すべてを失ってしまっていた［フランス王フランソワ1世（1494〜1547年）の言葉「すべてを失ったが、名誉はある」のもじり］。

　この議会の歴史を追いつづける前に、いくつか注意が必要である。目の前にある時代の全体的な性格について勘違いしてしまいがちなので、それを避けるためだ。民主派の見方では、立法国民議会の時期に問題であったのは、憲法制定議会の時期に問題であったこと、つまり共和派と王政派の単純な闘いである。その動静そのものが民主派の見方では、たったひとつのキーワードに要約される。「反動」である。反動は、すべての猫が灰色に見える夜のようなものだから、民主派は夜警のような決まり文句を単調にくり返すことが許される。そしてたしかに一見したところ秩序党では、異なった王政派の分派が糸玉のようにもつれ合っている。どの分派も、自分たちの王位請求者を玉座に上らせ、対抗する党派の王位請求者を排除するために、おたがいに陰謀をめぐらせているだけではない。秩序党のすべての分派がまとまって、「共和制」をいっしょになって憎み、いっしょになって攻撃しているのだ。モンターニュ派のほうは、そういった王政派の陰謀とは逆に、「共和派」の代表者として登場する。秩序党が登場するときは、いつも「反動」の仕事をしている。プロイセンとまったく同様に、反動は出版や結社などなどに向けられる。そして官僚、国家憲兵《ジャンダルムリー》、検察の残忍な警察的介入によって反動が執行されるのも、プロイセンに似ている。「モンターニュ」派のほうはあいかわらず、民衆の党を名乗るどの党も150年前から［26 (038)］やってきたように、そういう攻撃をしりぞけて「永遠の人権」を守る仕事をしている。けれども状況と各党派をもっとよく観察してみると、この時期における階級闘争とこの時期独特の相貌をベールのように覆っている外観が消えていく。

正統王朝派とオルレアン派が、すでに述べたように、秩序党の2大分派になっていた。この両派を王位請求者に結びつけ、両派を区別しているのは、百合〔ブルボン家の紋章〕と三色旗、ブルボン家とオルレアン家、王朝主義のニュアンスの違いでしかなかったのだろうか？　そもそも王朝主義に対する信仰告白でしかなかったのだろうか？　ブルボン家のもとでは大土地所有が、坊主や従僕とともに支配していた。オルレアン家のもとでは大金融、大工業、大商業が、つまり資本が、弁護士、教授、口達者をお供にして支配していた。正統王朝は、地主が先祖から受け継いできた支配を政治的に表現したものにすぎず、7月王政は、成り上がりのブルジョワが簒奪した支配を政治的に表現したものにすぎなかった。だからこの両派を区別するものは、いわゆる原理などではなく、それぞれの物質的な生存条件であり、異なった2つの種類の所有だった。都市と農村の昔ながらの対立であり、資本と土地所有のライバル関係だった。と同時に、昔の記憶が、個人的な敵意が、懸念と希望が、偏見と幻想が、共感と反感が、確信と信条と原理が、両派をそれぞれの王家に結びつけていたことは、誰も否定しないだろう。財産のさまざまな形態のうえに、社会的な生存条件のうえに、独自に形成されたさまざまな感覚、幻想、考え方、人生観という上部構造の全体が生まれるのだ。階級が全体としてそれらを創造し形成するのは、階級の物質的な基礎からであり、それに対応した社会関係からである。個々人のほうは、それらが伝統と教育から流れ込んでくるので、それらこそが自分の行動を決定する基盤であり出発点なのだと思い込むかもしれない。オルレアン派にせよ、正統王朝派にせよ、どちらの分派も、両派の分裂はそれぞれがそれぞれの王家に対して忠誠を誓っているからだと、自分自身にも他人にも説明しようとしてきたが、後で事実が証明したように、2つの王家の統一を許さなかったのは、むしろ両派の利害関心が分裂していたからなのだ。そして私生活では、ひとりの人間が自分について思うことや言うことは、その人間が実際にどういう人間なのか、何をするのかということとは区別されるわけだが、歴史の闘いにおいてはそれ以上に、党派の常套句や思い込みは、党派の実態や実際の利害関心と区別する必要がある。〔27（039）〕党派の想像は党派の現実と区別する必要がある。オルレアン派と正統王朝派は共和国では肩を並べて同じ要求をもっていた。どちらの側も相手側に対抗して、自分たちの王家を復活させようとしていた。つまりそれは、2つの大きな利害関心によって、ブルジョワジーが2つ——土地所有と資本——に分断されているわけだが、どちらの側も自分たちの優位と相手側の従属を復活させようとしていた、ということにほかならなかった。ブルジョワジーの2つの利害関心が問題なのだ。というのも大土地所有が、その封建的な厚化粧と血筋の誇りにもかかわらず、近代社会の発達のせいですっかり市民化していたからである。そんなふうにしてイングランドではトーリー党も長い間、自分たちは王権と教会と古いイングランドの憲法を熱愛しているのだと思い込んでいたのだが、身に危険が迫った日には、自分たちが熱愛しているのは地代だけだ、と白状した。

王政派連合は、新聞で、エムス〔正統王朝ブルボン家の王位継承者アンリ5世の滞在地〕で、クレアモント〔オルレアン家のルイ＝フィリップ王の亡命地〕で、つまり議会外でおたがいに陰謀をはかり合った。楽屋裏で両陣営は、それぞれ昔ながらのお仕着せをあらためて身に着け、昔ながらの馬上試合をあらためてやった。しかし国事劇の表舞台では、尊敬する王家に対しては表敬するだけにして、王政復古は無期限に延期する。そして秩序党として現実の仕事をするのだ。つまり仕事の費目は社会であって、政局ではなかった。市民の世俗秩序を代理する者としてであって、旅する姫君を守る騎士としてではなく。他の階級に対するブルジョワ階級としてであって、共和派に対する王政派としてではなく。そして秩序党として他の社会階級に対して、以前の王政復古や7月王政のときよりも無制限で過酷な支配をしたのだった。そのような支配は、議会共和制という形式のもとでのみ可能だった。というのも、そういう形式のときにしか、フランスのブルジョワジーの2大区画はひとつにまとまることができなかったし、また、ブルジョワ階級で特権を手に入れた分派の政権のかわりに、ブルジョワ階級全体での支配を議事日程に組み込むこともできなかったからだ。しかしそれにもかかわらず両派が秩序党として共和制を侮辱し、共和制に対する嫌悪を口にするなら、それは、たんに王政派の記憶のせいだけではなかった。本能に教えられたことだったのだ。

[28 (040)] つまり共和制によって、王政派の政治的支配は完成するけれど、同時に王政派の社

会基盤が掘り崩されるぞ、と。なぜなら共和制になると、仲介してくれるものもなく、王冠を隠れ蓑にすることもできず、自分たちの内輪揉めや王室とのいさかいで国民の関心をそらすこともできないまま、自分たちが屈服させた階級と面と向き合って、格闘しなければならなくなるからだ。自分たちは弱いと感じていたので、王政派連合は、ブルジョワジーによる階級支配がもっている掛け値なしの条件に尻込みして、共和制より不完全で、未発達で、それゆえ無害な階級支配形式に戻りたいと思ったのだ。けれどもその思いとは逆に、王政派連合は、対立する王位請求者つまりボナパルトと衝突するたびに、自分たちの議会全権が執行勢力におびやかされていると思うたびに、したがって政治家としての肩書きを見せびらかす必要に迫られるたびに、共和派として登場するのであって、王政派として登場するのではない。このスタイルは、国民議会に対して「共和制こそが議会を分裂させる心配のないものなのです」と警告したオルレアン派のティエールから、１８５１年12月２日に、第10区の区役所前に集まった民衆の前で、三色旗のたすきを掛けて、共和国の名において護民官として演説した正統王朝派のベリエに至るまで、踏襲されていた。もっともベリエの演説には、「アンリ5世《カン》！　アンリ5世《カン》！」とからかう声がこだまして返されたのだが（もちろんアンリ5世《カン》は、共和派《レピュブリカン》ではない）。

このブルジョワジー連合に対抗して、小市民と労働者が連合していた。いわゆる社会民主党である。小市民は自分たちのことを１８４８年の６月事件（＝６月蜂起）の後、ひどい報酬しかもらえず、物質的利益がおびやかされ、その利益を確実にしてくれるはずの民主的な保証が反革命によって疑わしくなっている、と思っていた。だから労働者に接近した。一方、労働者の議会代表であるモンターニュ派は、ブルジョワ共和派の独裁のあいだは脇に押しやられていたが、憲法制定議会の後半生においては、ボナパルトや王政派の大臣たちと闘うことによって、失われていた人気を回復していた。モンターニュ派は、社会主義の指導者たちと同盟を結んでいた。1849年2月、和解の宴会が催された。共同の綱領が起草され、共同の選挙委員会がつくられ、共同の候補者が立てられた。プロレタリアートの社会的な要求からは、革命的な剣先が折られ、小市民の民主的な要求からは、たんなる政治形式がぬぐい取られて、その社会主義的な剣先が［29(041)］強調された。こうして社会民主主義の党が生まれた。この結合の結果である新モンターニュ派は、労働者階級の何人かの端役と社会主義の分派の何人かを別にすれば、旧モンターニュ派の構成要素と同じで、ただ数が増えただけだった。しかし事態が展開していくうちにこの党は、この党が代表している階級とともにすっかり変わってしまった。社会民主党の本来の性格は、つぎのように要約できる。つまり民主的で共和的な制度が手段として要求されるのは、資本と賃労働という両極端を両方とも廃止するためではなく、両者の対立を弱めて調和をはかるためである。その目的に達するために、どんなにさまざまな方策が提案されようとも、また、その目的が、多かれ少なかれ革命のイメージで飾られようとも、その内容はいつも同じである。その内容とは、社会を民主的な方法によって改造することであり、しかも小市民の枠を越えない改造である。ただし、小市民がどうしても利己的に自分の階級の利益をつらぬこうとしているのだ、などと偏狭な想像をする必要はない。むしろ小市民は、自分たちを解放する特殊な条件こそが一般的な条件であると思っており、そしてその条件内でのみ、現代社会を救うことができ、階級闘争を回避できるのだと思っているのだ。また、民主派の代議士が全員、商店主であるとか、商店主を熱烈に応援しているなどと想像する必要もない。彼らは、その教養とその個人的な境遇からいって商店主とは雲泥の差があるだろう。どうして民主派の代議士が小市民の代表になっているのか。それは、小市民が実生活において踏み越えることのない制限を、代議士が頭のなかで踏み越えることがないからである。だから、また、小市民が物質的利害や社会的境遇によって実際に駆り立てられているのと同じ課題や解決に、代議士が理論的に駆り立てられているからである。そもそもこれが、ある階級の政治や文筆での代表者と、その代表者に代表される階級との関係である。

これまで述べてきたことから当然わかることだが、モンターニュ派が共和制といわゆる人権をめぐって、秩序党とつねに争ってきたとしても、共和制も人権もモンターニュ派の最終目的ではない。それは、武器を奪われようとした軍隊が、それを防ごうとして戦場に出てきたとしても、自分たちの武器の保持が目的でないのと同じだ。

秩序党は、国民議会が召集されるとすぐにモンターニュ派を挑発した。ブルジョワジーはそのとき、〔30（042）〕民主派の小市民を片づける必要を感じたのだ。その1年前、革命派のプロレタリアートを始末する必要を理解していたように。ただ相手の状況が異なっていただけだ。プロレタリア党の強みは街頭にあった。小市民の強みは国民議会そのものにあった。だから大事なのは、時と機会を得て小市民が強固なものになってしまう前に、小市民を国民議会から街頭におびき出し、小市民の手で小市民の議会勢力を破壊させることだった。手綱をゆるめられたモンターニュ派は、全速力で罠に飛び込んだ。

フランス軍によるローマ砲撃が、モンターニュ派をおびきよせるために投げられた餌だった。その砲撃は、フランス共和国が他民族の自由に対して戦力を行使することを禁じた憲法第Ⅴ条に違反していた。おまけに憲法第Ⅳ〔正しくは第54条〕条も、国民議会の同意なしには執行権力のいかなる宣戦も禁じていた。そして憲法制定議会は5月8日〔正しくは7日〕の決議によってローマ出兵を否認していた。これらを理由にして〔モンターニュ派の〕ルドリュ＝ロランが、1849年6月11日、ボナパルトとその大臣たちに対する弾劾案を提出した。〔秩序党の〕ティエールにチクチク刺されて挑発された彼は、われを忘れて脅迫までした。「憲法はどんなことをしても守るつもりだ。たとえ武器を手にしてでも」と。モンターニュ派は全員一致で立ち上がり、「武闘も辞さず」をくり返した。6月12日、国民議会で弾劾案は否決され、モンターニュ派が議会を去った。6月13日に起きた事件の数々はよく知られている。モンターニュ派の一部が布告を出し、ボナパルトとその大臣たちを「憲法の外に」おくと宣告した。民主派の国民衛兵隊が、いつものように武器をもたずに行進して、シャンガルニエの軍隊とぶつかって四散した、などなど。モンターニュ派の一部は外国に逃げ、また別の一部はブールジュの重罪裁判所に移送され、残りの者は議会規則により、国民議会議長の学校の先生のような監視下におかれた。パリはふたたび戒厳令下におかれ、パリ国民衛兵隊の民主派の部分は解散させられた。議会におけるモンターニュ派の影響力とパリにおける小市民の勢力は、こうしてへし折られていた。

リヨンでは、6月13日が流血の労働者蜂起への合図になったが、周辺の5県とともにパリ同様、戒厳令がしかれ、その状態はこの瞬間〔マルクスが本書執筆中の1852年2月〕まで続いている。

[31 (043)] モンターニュ派の主力は自分たちの前衛を見捨てていた。布告への署名を拒んでいたからだ。新聞は敵前逃亡していた。2紙しか、政権打倒の呼びかけを掲載する勇気がなかったからだ。小市民は自分たちの代議士を裏切った。国民衛兵隊は出動せず、出動したとしても、バリケードづくりの邪魔をしたからだ。代議士たちは小市民をだましていた。軍隊のなかには彼らの同調者がいると言っていたのに、誰ひとりどこにも姿を見せなかったからだ。結局、民主派の党は、プロレタリアートから力を補給してもらうかわりに、自分たちの弱さをプロレタリアートに感染させてしまっていたのだ。そして民主派が大騒ぎするときのお約束だが、指導者は、「民衆」に敵前逃亡の罪をかぶせることができれば満足であり、民

衆は、指導者に詐欺の罪をかぶせることができれば満足なのだった。

この、目前に迫ったモンターニュ派の作戦行動ほど、大騒ぎして告知された行動はめったになかった。民主派が勝つのは必然であると、これほど自信をもって早々と吹聴された事件は、めったになかった。どう転んでも確かなことがある。民主派が信じていたのは、吹き鳴らせばエリコの壁が崩れ落ちたというラッパだ〔旧約聖書『ヨシュア記』6・1〜20によると、イスラエル人が角笛を吹いて、町の城壁を崩落させ、エリコの町を征服した〕。そして彼らは、専制政治の壁に立ち向かうたびに、この奇蹟をまねようとする。モンターニュ派が議会で勝ちたいなら、武器をとれと呼びかけてはいけなかった。議会で武器をとれと呼びかけたなら、街頭では議会人のようにふるまってはいけなかった。平和なデモを本気で考えていたなら、武力で迎えられるかもしれないと予想しないのは、馬鹿な話だ。現実の闘いをめざしていたなら、闘いで使う必要のあった武器をおいていったのは、奇妙な話だ。けれども小市民とその民主的な代表が、革命をするぞと脅迫しても、それはただ、相手をおじけづかせようとしただけの話だ。そして彼らが袋小路にはまり込んで、仕方なくその脅迫を実行せざるをえなくなったら、裏腹のやり方で実行されることになる。つまり、目的のための手段だけは避けて、屈服の口実をなんとかつかみ取ろうとするのだ。闘いを告げる序曲が高らかに鳴り響いても、いざ闘いが始まるとすぐに、小さなうなり声になる。役者たちは自分の役をまじめに演じるのをやめ、筋書きがぺっちゃんこになる。ぱんぱんにふくらんでいた風船が、針で突かれたように。

どんな党でも、民主派の党ほど自分たちの手段を誇大視することはない。また、状況を軽率に勘違いすることもない。軍隊の一部が〔32（044）〕自分たちに投票してくれただけで、モンターニュ派はもう、軍隊が自分たちのために反乱してくれるだろうと確信したのだ。いったいどんなきっかけで？　軍隊の立場からすれば、革命家がフランスの兵隊に反対してローマの兵隊に味方したということ以外、何の意味もないきっかけだった。他方、１８４８年６月の記憶があまりにも生々しかったので、国民衛兵隊に対するプロレタリアートの深い嫌悪も、民主派のボスたちに対する秘密結社のボスたちの徹底的な不信も、まだあったにちがいない。その温度差を埋め合わせるためには、危機に瀕している共通の大きな利害関心が必要だった。抽象的な憲法の条文がひとつ侵害されただけでは、そういう利害関心を提供することはできなかった。憲法がすでにくり返し侵害されていたことは、当の民主派も断言していたのでは？　もっとも人気のある新聞や雑誌は憲法に、反革命的な作り物だという烙印を押していたのでは？　ところで民主派は、小市民を代表している。つまり過渡期の階級を代表している。過渡期の階級では2つの階級の利害関心も同時ににぶくなるので、民主派は自分たちが階級の対立というものを超越していると思い込んでいる。民主派は、特権階級が自分たちに対立していることは認めるけれど、彼らは自分たちのまわりにいるすべての国民といっしょに、民衆を形成しているのだ。彼らが代表しているのは、民衆の権利であり、彼らの利害関心は、民衆の利害関心である。だから彼らは、目前に迫っている闘いのとき、さまざまな階級の利害関心や立場をチェックする必要はない。自分たちの手持ちの手段をあまり神経質に検討する必要もない。彼らは合図するだけで、民衆がその無尽蔵の手段を使って圧制者に襲いかかってくれるのだ。そしてそうやって実行したところ、民主派の利害関心が誰からも興味をもたれず、民主派の力が無力であることが明らかになっても、民主派の責任ではない。つまりそれは、有害なソフィストが分割できない民衆を分裂させて、敵対するさまざまな陣営に組み入れたからだ。あるいは、軍隊が野獣のように残忍になり、すっかり分別をなくしたため、民主主義の純粋な目的が軍隊にとって最良だと理解できなくなったからだ。あるいは、実行しているときにささいなことで全体が動かなくなってしまったからだ。あるいは、想定外の偶然によって今回はゲームに負けたからだ。いずれにしても、民主派は、きわめて屈辱的な敗北をしたのが自分たちのせいではなかったのと同様に、きわめて屈辱的なその敗北からまさに無傷で抜け出すのである。しかも、「自分たちは勝つにちがいない。自分たち自身も、自分たちの党も、これまでの立場を捨てる必要はない。そうではなくて逆に、状況のほうが自分たちに合わせて成熟する必要があるのだ」という新しい確信を手土産にして。

というわけだから、数を減らされ、ボロボロになり、新しい[33 (045)]議会規則によって屈辱を味わわされたモンターニュ派のことを、あまりにも不幸だと思う必要はない。〔18

49年〕6月13日〔事件〕がモンターニュ派のボスたちを片づけたことは、別の角度から見れば、能力の劣る連中に席を譲ることでもあるわけだから、その連中は新しいポストがうれしいのだ。議会では彼らの無力が疑いようのないものになってしまった。そのおかげで彼らは当たり前のような顔をして自分たちの仕事を、道徳的な憤激の爆発と大げさで騒がしい演説に限定することができた。秩序党がモンターニュ派のことを、公認された最後の革命代表であり無政府のあらゆる恐怖の権化だと言い立ててくれた。そのおかげで彼らは実際、ますます平凡で控え目になることができた。6月13日について彼らは、こんな深い言い回しで自分たちを慰めた。「しかしですよ、もしも普通選挙権が攻撃されるようなことになれば、そのときこそ！　そのときこそ、われわれが何者であるのか、お見せしましょう」。では、われわれもそれを見せてもらいましょう。

国外に逃げたモンターニュ派がいるが、ここでは何点かを述べておくだけで十分だ。ルドリュ＝ロランは、自分が党首だった強力な党を2週間足らずで救いようのないまでに壊滅させることができたので、今や自分の使命は異国でフランスの亡命政府をつくることだと気がついた。そして、革命の水位が下がり、フランスの公式の大物たちの姿が小人《こびと》のようになっていったのに反比例して、遠く離れて作戦行動の地面から消え去ったルドリュ＝ロランの姿のほうが、大きくなったように見えた。そして、彼は1852年〔の大統領選挙〕向けの共和派の王位請求者〔＝大統領候補〕の役を演じることができた。そして、彼はワラキア人

〔広義ではルーマニア人〕や他民族に宛てて定期的に回状を出し、彼および彼の同盟者が行動を起こすぞ、と大陸の専制君主たちを脅かしたのだ。〔無政府主義者の〕プルードンがルドリュ＝ロランたちに、「君たちはホラ吹きにすぎないのでは？」と〔1850年の公開書簡で〕呼びかけたのは、まったくの間違いだっただろうか。

秩序党が6月13日にボロボロにしたのは、モンターニュ派だけではなかった。憲法を国民議会の多数決に従属させるということまでやってのけたのだ。そしてそれが秩序党の理解した共和制というものだった。つまり「この共和制ではブルジョワジーが議会という形式で支配するのです。君主制とちがって、執行権力の拒否権とか議会の解散権とかで制限されることはありません」というわけだ。そういうものが、ティエールの名づけた議会共和制だった。だがブルジョワジーが6月13日に議会の建物の内部で全権を手に入れたとしても、彼らは、議会でもっとも人気のある部分を追い出したわけだから、執行権力や民衆に対して、回復不能の弱みを議会そのものに背負わせたことにならないか？　数多くの代議士をなんのセレモニーもせずに検察の要請にゆだねたことによって、彼らは、自分たちがもっている議会の[34 (046)]不可侵性を捨ててしまったのだ。彼らはモンターニュ派を屈辱的な議会規則に従わせたが、その議会規則は、民衆の代表ひとりひとりの地位を引き下げた分だけ、共和国大統領の地位を押し上げた。彼らは、立憲体制を守るための反乱に、社会転覆をめざす無秩序な行為という烙印を押した。そのため彼らは、執行権力が彼らに対して憲法を侵害しようとしても、すぐに反乱を呼びかけるということを自分自身に禁じたわけだ。そしてこれが歴史の皮肉が望むところなのだが、ボナパルトの命令でローマを砲撃することによって、〔1849年〕6月13日の憲法擁護暴動の直接のきっかけをつくった将軍ウディノは、〔クーデタの〕1851年12月2日には、ボナパルトに対立する憲法擁護将軍として、秩序党から民衆に、嘆願するように、しかしむなしく差し出されることになったのだ。6月13日の、もうひとりの英雄がヴィエラである。彼は、国民衛兵隊のなかで大金融派につらなる一団の先頭に立って、民主派の新聞社で乱暴狼藉を働いたことに対して、国民議会の演壇から称賛された男だが、その同じヴィエラが、ボナパルトの陰謀を知らされて、国民議会の臨終のときには、議会を守ろうとする国民衛兵隊の動きをすべて遮断することに、大いに貢献したのだ。

6月13日には、もうひとつ別の意味があった。モンターニュ派は、ボナパルトをどうしても弾劾するつもりだったのだ。だからモンターニュ派の敗北は、そのままボナパルトの勝利だった。敵である民主派に対するボナパルトの個人的な勝利だった。秩序党が勝利を手に入れたので、ボナパルトはそれを徴収するだけでよかった。実際、彼はそうした。6月14日にはパリの各所の壁に布告が出された。「大統領は、いわば大統領の関与のないまま、不本意ながら、ただ事件の力に無理やり押されて、修道院のような〔エリゼ宮での〕隠棲から出てきました。大統領は、その徳を誤解されながらも、政敵からの誹謗中傷を嘆いています。大統領の人格が秩序の問題を決めているように見えますが、じつは秩序の問題が大統領の人格を決めているのです」と。おまけに国民議会はローマ出兵を事後承認したのだが、それを発議したのはボナパルトだった。ボナパルトは祭司長サムエルをふたたびバチカンにつれてきたので、自分がダビデ王としてテュイルリー宮殿の主になることを期待することができた（旧約聖書によるとサムエルはダビデを王にした（『サムエル記 上』8〜16）。ダビデの王国は永遠につづくと約束される（『サムエル記 下』7・16））。坊主たちを味方につけていたのだ。

6月13日の暴動は、すでに見たように、平和な街頭行進でしかなかった。だからそんなものを相手にしても、戦士の月桂冠など与えられるはずがなかった。それにもかかわらず、英雄や事件が[35(047)]少ないこの時代に、秩序党は、一滴の血も流れなかったこの戦いを、第2のアウステルリッツ（1805年12月2日、アウステルリッツ（現在はチェコ領）の戦いで、ナポレオン1世はロシア・オーストリア連合軍を壊滅させ、彼にとって最大の勝利を収めた）に変身させたのだ。演壇と新聞は、軍隊を、無力で無秩序な民衆の群れに対抗した秩序の力だとほめたたえ、シャンガルニエを「社会の防塁」だとほめたたえた。この嘘八百を、おしまいにはシャンガルニエ自身も信じるようになった。しかしこっそりと計画的に実行されたことがあった。旗幟《きし》が鮮明でないと思われた部隊はパリから移動させられ、選挙で一番多く民主派に投票した連隊はフランスからアルジェリアに追放され、軍隊のなかの不穏分子は懲罰部隊に放り込まれ、そして最後には新聞が兵舎から切り離され、兵舎が市民社会から切り離されたのだ。

われわれはここでフランスの国民衛兵隊の歴史における決定的な転回点に達した。１８３０年に王政復古の崩壊を決定づけたのは国民衛兵隊だった。ルイ・フィリップ治下では、国民衛兵隊が軍隊側についたときには、どんな暴動も失敗した。１８４８年の２月事件では、国民衛兵隊が蜂起に対して積極的に動こうとはせず、ルイ・フィリップに対してあいまいな姿勢だったので、ルイ・フィリップは勝負をあきらめて敗れた。こうやって、革命は国民衛兵隊なしでは勝つことができず、軍隊は国民衛兵隊を敵に回しては勝つことができない、という確信が根づいたのである。市民の力は絶大である、というこの迷信を軍隊がもつようになった。１８４８年の６月事件では、国民衛兵隊全員が常備軍とともに反乱を鎮圧したので、この迷信が確固たるものになった。ボナパルトが政権に就いてから、国民衛兵隊の地位はいくらか低下した。国民衛兵隊の指揮権と第１師団の指揮権が、憲法に違反して、シャンガルニエひとりに握られたからだ。

そこでは、国民衛兵隊の指揮権が軍司令官の属性のように思われたわけだが、同様に、国民衛兵隊そのものが常備軍の添え物のように思われた。６月13日にはとうとう国民衛兵隊が壊された。それは、国民衛兵隊の部分的解体によるだけではない。もっともこの部分的解体は、このとき以来、フランスのすべての地点で周期的にくり返され、国民衛兵隊の残骸しか残さなかったのだが。６月13日のデモは、なんといっても民主派の国民衛兵のデモだった。

彼らは武器こそ持っていなかったが、軍隊に対抗して制服を着ており、まさにその制服こそがお守りだったのだ。その制服がなんの変哲もないウールの布切れであることを確認した。魔法が消えたのだ。軍隊は、1848年の6月事件では、ブルジョワジーと小市民が国民衛兵隊として、プロレタリアートに対抗して軍隊に合体したが、1849年6月13日には、ブルジョワジーが軍隊を使って小市民の〔36 (048)〕国民衛兵隊を四散させた。1851年12月2日〔クーデタの日〕には、ブルジョワジーの国民衛兵隊が勝手にひとりで消滅した。ボナパルトは後日、その解散命令に署名したが、それはその事実を確認しただけのことだった。こうしてブルジョワジーは、軍隊に対抗する自分たちの最後の武器を壊してしまっていた。しかしブルジョワジーとしては、小市民が家臣としてブルジョワジーの後ろにはべるのをやめ、反逆者として前に立ちはだかった瞬間から、この武器を壊すしかなかった。このようにして一般に、ブルジョワジーは自分たちが絶対的になったとたん、絶対主義に対する自分たちのあらゆる防衛手段を、自分たちの手で壊すしかなかったのである。

秩序党はそのあいだに権力奪還を祝っていた。1848年に権力を失ったように見えたが、それはただ1849年に、制約のない権力をあらためて見出すためにすぎなかった。彼らは、共和制と憲法の悪口を言うことによって、自分たちの指導者がやった革命も含め、過去・現在・未来すべての革命を呪うことによって、新聞・雑誌に猿ぐつわをはめる法律や、結社を絶滅させる法律や、戒厳令を憲法に付随する制度として規定する法律によって、復権を祝った。それから国民議会は、休会期間中の常任委員会を任命してから、8月半ばから10月半ばまで休会した。その休会中に正統王朝派はエムス〔正統王朝ブルボン家の王位継承者アンリ5世の滞在地〕と陰謀をめぐらし、オルレアン派はクレアモント〔オルレアン家のルイ＝フィリップ王の亡命地〕と陰謀をめぐらし、ボナパルトは王子のように地方を巡回することで陰謀をめぐらし、県議会は憲法改正の審議で陰謀をめぐらした。――これらの出来事は、国民議会の周期的な休会中に規則的にくり返されるのだが、これらについては、これらが事件になってから問題にするつもりである。ここでは、国民議会のふるまいが非政治的だった、ということにだけ注目しておこう。秩序党が王政派内で分裂して、どちらの分派も相対立する王政復古欲にふけって、公衆の物笑いになっていたあいだ、国民議会は、かなり長い幕間に舞台から姿を消していたのだ。そして共和国の頂点に、貧弱であるにしても、たったひとりだけ、ルイ・ボナパルトの姿を見せるようにしたのだ。そんなふうにして休会中には議会の混乱した騒音が消えて、議会の本体〔＝議員〕が〔帰郷して〕国民のなかに溶け込んでしまった。そのたびに、誰の目にも明らかになった。この共和国の真の姿を完成させるためには、ただひとつだけ足りないものがあるぞ。それは、議会の休暇を永久のものにして、共和国の合い言葉である「自由、平等、友愛」を、一義的な言葉である「歩兵、騎兵、砲兵」に置換することだ！

[37 (049)]

## Ⅳ

1849年10月半ば、国民議会が再開した。11月1日、ボナパルトが国民議会を不意打ちした。教書で、バロー＝ファルー内閣の罷免と新内閣の組閣を通知したのだ。従僕をお払い箱にするときよりも無造作に、ボナパルトは大臣をお払い箱にした。国民議会は足蹴《あしげ》にされる運命だったが、それより先にバロー氏とその仲間が足蹴にされたのだ。

バロー内閣は、すでに見たように、正統王朝派とオルレアン派の合成、つまり秩序党の内閣だった。ボナパルトがこの内閣を必要としたのは、共和派が支配する憲法制定議会を解消し、ローマ出兵を実行し、民主党を壊すためだった。ボナパルトは表向きは、この内閣の後ろに隠れて、統治権を秩序党の手に渡し、ルイ・フィリップ治下で新聞の編集責任者がつけていた控えめな役割仮面《キャラクターマスク》、つまり名義人の仮面をつけていた。しかし今、仮面を投げ捨てた。それが、もはや自分の顔を隠すことができる薄いベールではなく、自分の素顔を見せることを邪魔する鉄仮面になっていたからだ。バロー内閣を任命したのは、秩序党の名において共和派の国民議会を粉砕するためだった。そして今、この内閣を罷免するのは、自分の名前が秩序党の国民議会から独立していることを宣言するためだった。

この罷免については納得のいきそうな口実がなかったわけではない。バロー内閣は、共和国の王位継承者を国民議会に並ぶ権力として見せてもよかったのに、そういう礼儀作法さえなおざりにした。国民議会の休会中に、ボナパルトはエドガル・ネイ宛の手紙を公開したのだが、その手紙では、教皇のリベラルでない態度を非難しているように見えた。同様のやり方で以前、彼は憲法制定議会と対立したとき、ローマ共和国を攻撃したウディノを称賛した手紙を公開したことがあった。さて国民議会がローマ出兵の予算を可決したとき、ヴィクトル・ユゴーが〔議会の演説で〕リベラルのような顔をしてボナパルトのネイ宛の手紙を話題にした。ボナパルトの思いつきには政治的に重要な意味があるかもしれない、というユゴーの思いつきは、軽蔑と不信の叫び声にかき消された。大臣は誰ひとりとしてユゴーに代わってその挑戦を受けようとはしなかった。別の機会にはバローが、周知のようにパトスを空回りさせながら演壇から、憤激の言葉を「嫌悪すべき陰謀」に浴びせかけた。その陰謀は、彼の言葉を借りれば、[38 (050)] 大統領のすぐそばにいる側近がすすめているものだ。内閣は、オルレアン公妃のためには国民議会から寡婦年金をもらってやったのに、最終的には大統領の歳費増額の提案はどれも拒絶した。しかしボナパルトという人間においては、帝位請求者と落ちぶれた山師がしっかり融合していたので、「私には帝政復活という使命があるのだ」という立派な理念は、「フランス国民は私の借金を払う使命があるのだ」という別の理念に、いつも補完されていた。

バロー＝ファルー内閣は、ボナパルトが生んだ最初で最後の議会制内閣だった。だからその内閣の罷免が、決定的な転回点になる。内閣を失うことによって秩序党は、議会制を維持するためには欠かすことのできない持ち場を、つまり執行権力の舵を失い、二度と手にすることがなかった。ここですぐにわかることがある。フランスのような国では、執行権力が、50万人以上という大量の公務員を意のままにあやつっている。つまり、おびただしい数の人間の利害と生計をたえず無条件に従属させている。そして国家が市民社会を、そのきわめて包括的な人生観からごく些細な感情にいたるまで、そのきわめて一般的な生活様式から個人の私生活にいたるまで、まるめ込み、コントロールし、処罰し、監視し、後見している。そしてこの〔国家という〕寄生体が、異常なまでの中央集権によって、どこにでも顔を出し、あらゆることを知っており、おまけに運動能力と弾力も高めたので、〔寄生されている〕現実の社会体のほうは、どう転んでもひとりでは立つことができず、ぼろぼろで不恰好な姿をさらしているにすぎない。だからこのような国では、今すぐ国民議会が、国家行政をスリムにし、大量の公務員をできるだけ削減し、ともかく市民社会と世論には政府権力から独立した自前の器官《オルガン》・機関をつくらせないかぎり、国民議会は、大臣ポストを意のままにできなくなって、現実の影響力をすべて失うことになる。けれどもフランスのブルジョワジーの物質的利害関心は、あの幅広く多岐にわたる国家機構を維持することと、まさにきわめて密接にからみあっている。ブルジョワジーは自分たちの余剰人口を国家機構に就職させて、自分たちが利潤や利子や地代や報酬というかたちではポケットに入れることのできないものを、国家の俸給というかたちで埋め合わせているのである。他方、ブルジョワジーの政治的利害関心がブルジョワジーに強制したのは、抑圧を強めること、つまり国家権力の手段と人員を毎日のように増やすことだった。それと同時にブルジョワジーは、世論と〔39 (051)〕たえず戦争をする必要があった。また、自立した社会運動器官《オルガン》・機関の手足をばっさり切断できなければ、その器官《オルガン》・機関を傷つけたり麻痺させたりして、怪しい存在にする必要があった。こうしてフランスのブルジョワジーが自分たちの階級的立場のせいで強制されていたのは、一方では、自分たちの議会権力も含めて、すべての議会権力の生存条件をダメにすることであり、もう一方では、自分たちに敵対する執行権力を無敵の存在にすることだった。

新しい内閣は、ドプール内閣と呼ばれた。とはいえドプール将軍が首相の地位に就いたわけではなかった。むしろボナパルトは、バローを片づけると同時に、首相という顕職をも片づけたのだ。この顕職があると、たしかに共和国大統領は、法的にはゼロの立憲君主のようなものに貶められ、おまけにその立憲君主には、王座も王冠もなく、王笏も王剣もなく、君主として責任を問われないという特権もなく、国家の最高位を終身で保証されるという名誉もなく、しかももっとも致命的なことに、王室費もなかった。ドプール内閣には、有名な議員がひとりだけいた。金融界でももっとも悪評の高い人物のひとり、ユダヤ人のフルドだ。彼には大蔵大臣の椅子があたえられた。パリの取引所の記録を調べれば、わかると思うが、〔ドプール内閣が発足した〕１８４９年11月1日以降、フランス国債の騰落はボナパルト株の騰落に連動している。こうやってボナパルトは自分の同族を取引所に見つけていたのだが、それと同時に、カルリエをパリの警視総監に任命することによって、警察を掌握した。しかし内閣更迭の結果が明らかになるのは、その後の展開においてである。とりあえずボナパルトは一歩だけ前進はしたのだが、逆にもっと目立つかたちで後退させられた。無愛想な教書を出した後、国民議会に対して恭順の意をきわめて卑屈に表明したのだ。大臣たちは、おずおずとボナパルトの個人的な気まぐれを法案として提出しようとするたびに、ただ自分でも不本意ながら地位ゆえに無理やり、滑稽な任務を果たしているだけに見えた。うまくいかないのは最初から目に見えていた。ボナパルトが、大臣たちの背後で自分の意図を口走り、「ナポレオン思想」ゲームをするたびに、ボナパルトの大臣たちは国民議会の演壇からボナパルトを否認した。ボナパルトが王位簒奪の熱望を口にしたのも、ただ、政敵たちの意地悪な大笑いをやめさせないためでしかないように見えた。彼は、世間のみんなから間抜けだと思われているが、自分は埋もれた天才なのだという顔をした。この時期ほど彼が、すべての階級からたっぷり［40 (052)］軽蔑されたことはなかった。この時期ほどブルジョワジーが、無条件に支配したことはなく、自慢げに支配のしるしを見せびらかしたこともなかった。

私がここでブルジョワジーの立法活動の歴史を書く必要はない。この時期の立法活動は2つの法律に要約されるからだ。つまり、ワイン税を復活させる法律（ワイン税は国民議会の決議で1850年1月1日に廃止されることになっていたが、1849年12月21日に廃止が撤回された〕と、不信心をやめさせる教育法〔1850年3月15日に可決。国家に管理されない私立学校を認め、カトリックの宗教教育を許容する法律〕である。フランス人はワインを飲むことがむずかしくなったので、それだけ真の命の水〔新約聖書『ヨハネの黙示録』22・17〕がたっぷりあたえられた。ブルジョワジーは、ワイン税を復活させることによって、憎むべき昔ながらのフランス税制を不可侵のものだと宣言したわけだが、教育法によって、その税制に我慢してきた大衆に昔ながらの心情を維持させようとしたわけだ。リベラルなブルジョワであるオルレアン派、〔カトリックに対立する〕このヴォルテール主義と折衷哲学の昔ながらの使徒たちが、宿敵であるイエズス会士にフランス人の精神の管理を任せるのだから、みんなが驚いている。けれどもオルレアン派と正統王朝派は、王位請求者を誰にするかについては意見が割れることはあったが、両派とも理解していた。両派の連合支配には2つの時期の弾圧手段を一体化する必要があることを、そして、7月王政の抑圧手段を王政復古の抑圧手段で補強する必要があることを。

農民たちは、希望という希望をことごとく裏切られていた。一方では穀物価格の低い相場によって、他方では租税負担と抵当債務の上昇によって、以前よりも窒息していたので、各地の県で農民たちが動きはじめた。その農民たちへの回答は、学校教師を非難して聖職者の下におき、市町村長を非難して県知事の下におき、全員をスパイ制度の下におくことだった。パリなどの大都市では、反動そのものがその時代の顔となり、人びとを鎮圧するというよりは挑発した。田舎では反動は、月並みで、下品で、こせこせし、人を疲れさせ、苦しめるものに、ひと言でいえば、憲兵になった。坊主レジームに祝福された憲兵レジームの3年間が、未熟な大衆をうんざりさせてしまったことは、誰にでもわかる。

どんなにたくさんの情熱と熱弁を秩序党が国民議会の演壇から少数派に向かって投げかけても、その言葉は、〔新約聖書『マタイによる福音書』5・37で〕「イエス」か「ノー」だけ口にすればよいと言われているキリスト教徒のように、いつもワンシラブルだった。演壇からでも、新聞でもワンシラブルだった。最初から答えがわかっているなぞなぞのように、つまらない。[41(053)] 問題が、請願権でもワイン税でも、出版の自由でも自由貿易でも、クラブでも市町村制度でも、個人の自由の保護でも国の財政の調整でも、合い言葉が何度もくり返され、語られることはいつも同じで、判決はいつも用意されており、「社会主義である」という裁定が変わることはない！ 市民のリベラリズムでさえ社会主義だと言われ、市民の啓蒙も社会主義だと言われ、市民の財政改革も社会主義だと言われる。すでに運河がある場所に鉄道を建設すれば、社会主義であり、剣で攻撃されたときにステッキで身を守れば、社会主義であった。

それは、たんなるもの言い方や、流行や、党派の戦術ではなかった。ブルジョワジーはきちんと見抜いていたのだ。自分たちが封建主義に対して鍛えてきたすべての武器が、その矛先を自分たちに向けてきたことを。自分たちが生み出してきたすべての教育手段が、自分たち自身の文明に反逆してきたことを。自分たちが創造したすべての神々が、自分たちに背いたことを。ブルジョワジーは理解したのだ。市民の自由や進歩的な機関といわれるものがすべて、ブルジョワジーの階級支配をその社会基盤においても、その政治的な先端においても同時に、攻撃し脅かしていることを。つまり、市民の自由や進歩的な機関といわれるものすべてが、「社会主義」になってしまったことを。その脅かしや攻撃のなかにブルジョワジーは当然、社会主義の秘密を見つけた。社会主義の意味と傾向について、ブルジョワジーは、いわゆる社会主義が自分自身について判断していると考えている以上に、正確に判断している。だから、いわゆる社会主義には理解できないのだが、いわゆる社会主義が、どんなに人類の苦悩について感傷的にめそめそ泣こうが、キリスト教のように千年王国と普遍的な兄弟愛を告知しようが、人文主義の立場から精神・教養・自由について無駄口をたたこうが、すべての階級の和解と福祉をもたらすシステムについて空論をひねり出そうが、ブルジョワジーは、社会主義に対してかたくなに心を閉ざしているのだ。しかしブルジョワジーにも理解できない帰結があった。ブルジョワジー自身の議会レジーム、つまりその政治支配そのものもまた、世間からは社会主義だとして有罪判決を受けることになってしまった。ブルジョワ階級の支配がまだ完全には組織されておらず、政治の場ですっきり表現されていなかったので、他の階級との対立もすっきりしたかたちでは見えなかった。たとえ対立が見えたとしても、その対立は、危険な方向転換を実現することができなかった。国家権力に対するすべての闘いが、資本に対する闘いに変わることはなかったのである。社会が生きて動いているときには、かならず「平穏」が危険にさらされていると見ていたなら、どうやってブルジョワジーは社会の先頭に立って、自分たちのレジームである不穏のレジームを、議会レジームを〔42(054)〕守り通そうという意欲をもつことができたのだろう？　このレジームは、ブルジョワ派の演説者のひとりの表現を借りれば、闘いのなかで闘うことによって生きている。議会レジームの命は議論なのに、どうしてそのレジームが議論を禁じることができるのだ？　どんな利害関心も、どんな社会装置も、議会ではみんなで考える対象となり、思想として交渉されるのに、どうしてなんらかの利害関心や、なんらかの装置が、思考の上位にあると主張して、信仰箇条として偉そうな顔ができるのだ？　演壇での演説合戦は、若造の新聞記者たちの報道合戦を呼び起こす。議会の討論クラブは当然、サロンや居酒屋の討論クラブによって補われる。代議士たちはつねに民意に訴えて、民意には、請願で本音を言う権利をあたえている。議会レジームは、あらゆることを多数派の決定にゆだねているのに、どうして議会の向こう側にいる大多数派が、決定する意欲をもってはならないというのだ？　君たちが国のてっぺんでヴァイオリンを弾けば、下にいる者たちは踊りはじめるに決まっているではないか？

　だからブルジョワジーは、自分たちが以前「リベラルだ」とほめそやしたことを、今は

「社会主義だ」と異端視することによって、以下のことを白状しているわけである。自分たちの利害関心を優先させるなら、自分たちが統治するという危険から逃げておくこと。国内の平穏を回復するには、なによりもブルジョワ議会を平穏にする必要があること。自分たちの社会的な力を無傷に温存するためには、自分たちの政治的な力をへし折る必要があること。プライベートな個人としてブルジョワが、他の階級を搾取しつづけ、財産・家族・宗教・秩序を心おきなく享受しつづけるための条件として、政治の場で自分たちの階級を他の階級と横並びにして等しくゼロにする必要があること。自分たちの財布を守るためには、自分たちの頭から王冠をたたき落とす必要があると同時に、自分たちを守ってくれる剣を、自分たちの頭上に〔いつ切れてもおかしくない細い糸で吊るされた〕ダモクレスの剣として吊るしておく必要があること。

一般市民の利害関心の領域では、国民議会はきわめて非生産的だった。たとえば、１８５０年冬に始まったパリ＝アヴィニョン鉄道の審議は、１８５１年12月2日になってもまだ結論に至っていなかった。抑圧したり、反動的になったりした場合は別として、国民議会は不治の不妊症にかかっていた。

ボナパルトの内閣は、ある部分では法律を秩序党の精神で提案し、ある部分では法律を秩序党よりきびしく執行・適用していたのだが、他方、ボナパルトのほうは子どもじみた馬鹿な提案によって人気をえようとし、自分と国民議会が対立していることを〔43（055）〕印象づけようとし、秘密の隠し場所があることをほのめかそうとした。隠してある宝をフランス国民に贈るつもりなのだが、ある事情によりさしあたり妨げられているだけなのだ、と。だから下士官には毎日4スーの手当を支給すると提案した。だから労働者のための無担保貸付銀行を提案した。お金がもらえるぞ、お金を借りられるぞ、という見込みを餌にして、ボナパルトは大衆が釣れるのではないかと思った。もらうことと借りること。高貴であれ下賤であれ、ルンペンプロレタリアートの財政学は、これに尽きる。ボナパルトが動かすすべを心得ていたバネも、これに尽きた。これほど平板に大衆の平板さをあてにした王位請求者はいなかった。

明らかにボナパルトが国民議会を犠牲にして人気をえようとするたびに、国民議会はくり返しどよめいた。この山師は、借金で尻に火がつき、自分のえた名声を失うことなど気にもかけず、破れかぶれの一撃をやらかすのではないか。そんな心配がどんどん大きくなった。秩序党と大統領の不仲は危機的な様相を帯びていたが、そんなときに思いがけない事件が起きて、ボナパルトは改悛の情をしめして秩序党の腕のなかに身を投げ出した。その事件とは、1、、、、、850年3月10日の補欠選挙のことである。その選挙は、〔1849年〕6月13日〔事件〕の後で逮捕や亡命によって空席になった議席を埋めるために行われた。パリで選ばれたのは、社会民主派の候補者ばかりだった。しかも大部分の票が、1848年6月の反乱者であるドフロットに集中していた。プロレタリアートと同盟していたパリの小市民は、こうやって１８４９年6月13日の敗北の仕返しをしたのである。パリの小市民が危険な瞬間に闘いの場から姿を消したように見えたのは、ただ、もっと好機に、もっと大量の戦力ともっと大胆な闘いの合い言葉をもって、闘いの場に戻ってくるためだったのだ。ある事情が、この選挙の勝利にひそむ危険を大きくしているようだった。パリでは軍隊が、ボナパルトの大臣ライットに反対して6月反乱者に投票し、地方の県では軍隊が大部分、モンターニュ派に投票したのだ。モンターニュ派は地方でも、パリほど決定的ではなかったが、敵に対して優位を保っていた。

ボナパルトは突然、革命がまたもや自分に向かってきたことに気づいた。１８４９年1月29日のときのように、１８４９年6月13日のように、彼は秩序党の後ろに隠れた。身をかがめた。びくびくしながら謝罪した。議会多数派の好きなように、どんな内閣でも任命します、と申し出た。それどころか、オルレアン派と正統王朝派の党幹部、ティエールたち、ベリエたち、ブロイーたち、[44 (056)] モレたち、要するに［ユゴーの戯曲『城主たち』にちなんだ］いわゆる城主たちにさえ、どうぞご自分でこの国の舵をお取りください、と懇願した。秩序党は、その二度とない瞬間を利用することができなかった。差し出された権力を大胆に掌握するかわりに、11月1日に罷免された大臣を再任することすら、ボナパルトに強制しなかった。ボナパルトを許すことでボナパルトに屈辱を味わわせ、ドプール内閣にバロシュ氏を仲間入りさせただけで満足した。このバロシュは、検事としてブールジュの重罪裁判所で〔この裁判で20名の被告のうち10名が重罪になった。ブランキは10年の独房監禁に、他の者は終身あるいは長期の国外追放となった〕、あるときは5月15日の革命家たちに対し、またあるときは6月13日の民主主義者に対して怒り狂った男である。どちらの場合も、国民議会に対する暗殺計画が理由だった。その後、ボナパルトの大臣でバロシュほど、国民議会の品位を貶めるのに貢献した男はいなかった。そして1851年12月2日〔のクーデタ〕の後、この男は、元老院副議長という安定した高報酬の地位につくことになる。バロシュは革命家たちのスープに唾を吐いた。ボナパルトにそのスープをたいらげさせるために。社会民主党のほうは、自分たちの勝利を疑わしいものにして、その勝利を骨抜きにするための口実ばかりを、必死になって探しているようだった。新しく選出されたパリの代議士のひとり、ヴィダルは、同時にストラスブールでも当選していた。彼は説得されて、パリでの当選を辞退し、ストラスブールでの当選を受け入れた。つまり社会民主党は、選挙の場での自分たちの勝利を決定的なものにして、秩序党には、ただちに議会で社会民主党の勝利に応戦するよう強制することをしなかった。そういうわけだから社会民主党は、民衆が熱狂し、軍隊が自分たちに好感をもってくれている瞬間に、相手の秩序党を闘いに駆り立てることもせず、3月と4月のあいだ、新しい選挙アジテーションでパリをうんざりさせた。高揚した民衆の情熱をこの再度の臨時選挙ゲームで消耗させた。革命の行動力を、立憲の成果で満腹にして、小さな陰謀や空疎な熱弁や見せかけの運動でガス抜きした。ブルジョワジーを結集させ、彼らに事前の準備をさせた。そして最後に、4月の追加選挙でウージェーヌ・シュー〔新聞小説『パリの秘密』で人気があった作家（1804～57年）〕を選出することで、3月選挙の意義をセンチメンタルに弱めるコメントをつけ加えさせた。ひと言でいえば、民主党は3月10日〔の補欠選挙〕をエイプリル・フールにしたのだ。

議会の多数派は、自分たちの敵の弱みを理解した。多数派の17人の城主は、ボナパルトから攻撃の指揮と責任を委ねられていたので、新しい選挙法を仕上げた。その法案の提出は、自分から志願したフォシェにその名誉を託〔45（057）〕された。彼が5月8日に提出した法律によって、普通選挙権が廃止され、選挙地に3年間居住していることが選挙人の条件とされ、そして最後に労働者の場合、居住証明にはその雇用者の証明書が必要になった。

民主派は、憲法による選挙戦のあいだは革命のように高揚して暴れまわっていた。ところが選挙に勝って、その勝利が本物であることを武器を手に証明する必要に迫られると、今度は憲法をふりかざして秩序を、荘厳なる平穏を、法にかなった態度を説いた。つまり、反革命の意思が法として広まっているのだから、その意思に盲目的に服従せよ、と説教したのである。討論のあいだ山岳党《モンターニュ派》は、秩序党に恥をかかせた。つまり、秩序党の革命的な情熱に反対して、法の土俵を主張する律儀な俗物よろしく情熱のない態度を見せたのである。また、「君たちのふるまいこそ革命的なのだ」という恐ろしい非難によって秩序党を投げ倒したのである。新しく選出された代議士たちでさえ、「われわれを無政府主義者だと非難して、われわれの当選を革命の勝利だと解釈するのは、ひどい誤解である」と、礼儀正しく思慮深い態度で証明しようとしていた。5月31日に新しい選挙法が可決した。モンターニュ派は、議長のポケットに抗議文をこっそり突っ込むだけで満足するしかなかった。選挙法につづいて新しい出版法が〔7月16日に〕可決され、革命に肩入れする新聞は完全に排除された。そうなるのは当然の運命だった。この大洪水の後、『ナシオナル』と『ラ・プレス』という2つの市民派機関紙が残って、革命の最前哨となった。

　これまでに見てきたように、民主派の指導者たちは3月と4月のあいだは、パリの民衆を見せかけの闘いに巻き込むためにあらゆることをやり、5月8日以後は、パリの民衆に現実の闘いをさせないためにあらゆることをやった。それに加えて忘れてはならないことだが、1850年は、工業と商業がもっとも輝かしく繁栄した時代の1年であり、したがってパリのプロレタリアートは全員が雇用されていた。しかしながら1850年5月31日の選挙法によって、プロレタリアートは、政治権力への関与から完全に締め出された。闘う土俵そのものを取り上げられた。労働者たちは、2月革命以前に置かれていた不可触民《パリア》の地位に戻された。労働者たちは、こういう出来事を目の前にして民主派の言いなりになり、目先の安逸にかまけて、自分たちの階級の革命的利害関心を忘れることができたので、自分たちこそが世界を獲得する権力だという名誉を断念し、自分たちの運命に屈服して、ふたつのことを証明したのである。[46 (058)] ひとつは、1848年6月の敗北によって自分たちが何年にもわたって闘争不能になってしまったことを。もうひとつは、歴史のプロセスがさしあたり自分たちの頭越しに進んでいくにちがいないことを。小市民的民主派はどうだったか。6月13日には、「だが、ともかく普通選挙法に手がつけられるようなことになれば、そのときにこそ！」と叫んでいたのだが、――今では、「われわれの被った反革命的な打撃なんぞではない。5月31日の法律なんぞ、法律ではない」と言って、自分を慰めていた。1852年5月第2〔日曜の大統領改選日〕には、すべてのフランス人が、一方の手に投票用紙を持ち、もう一方の手に剣を持って、投票所にあらわれるのだ。そんな予言によって、小市民的民主派は自分自身を満足させた。最後になったが軍は、1849年5月29日の選挙のときと同じく、1850年の3月と4月の選挙に対しても、上官から懲らしめられた。だが今回はきっぱり自分に言い聞かせた。「3度目〔1852年5月第2日曜の大統領改選日のこと〕は、革命にはだまされないぞ」。

1850年5月31日の法律は、ブルジョワジーのクーデタだった。革命のあいだにこれまでブルジョワジーが獲得したものは、すべて暫定的な性格のものでしかなかった。それらは、その時点の国民議会が退場すると、たちまち疑わしいものになった。新しい総選挙の結果に左右されるものだった。そして1848年以来の選挙の歴史が反論の余地なく証明しているように、ブルジョワジーの事実上の支配が広がっていくにつれて、一般大衆に対するブルジョワジーの道徳上の支配は消えていった。普通選挙権は、3月10日、ブルジョワジー支配への反対をストレートに表明した。ブルジョワジーは普通選挙権の追放でそれに答えた。5月31日の新選挙法は、だから階級闘争の必然的な結果のひとつだった。その一方で憲法は、共和国大統領の当選が有効であるためには、最低200万票を要求していた。大統領候補者のうちこの最低得票数を満たす者がいない場合、得票数の多かった3人〔正しくは5人〕の候補者のなかから、国民議会が大統領を選ぶことになっていた。憲法制定議会がこの法律を作った時点では、1000万人の選挙人が有権者リストに登録されていた。だから憲法制定議会の考えでは、大統領の当選を有効にするには、有権者の5分の1で十分だったのである。ところが5月31日の新選挙法では、少なくとも300万票が選挙人リストから削除され、有権者数が700万人に減らされたのに、大統領の当選を有効にする法定最低得票数は、それにもかかわらず200万のままだった。だからこの新選挙法は、法定最低得票数を有権者の5分の1からほとんど3分の1にまで引き上げたことになる。つまり、大統領選挙を民衆の手から[47 (059)]国民議会の手にこっそり引き渡すために、きちんと仕事をしたわけである。こうやって秩序党は、5月31日の新選挙法で、国民議会の選挙と共和国大統領の選挙を社会の固定層にゆだねることにより、自分たちの支配を二重に固めたように見えた。

# V

革命の危機が去り、普通選挙権が廃止されてしまうとたちまち、国民議会とボナパルトのあいだで闘いがまたもや表面化した。

憲法はボナパルトの俸給を60万フランと決めていた。大統領に就任して半年もたたないうちに、彼はその額を2倍にすることに成功した。オディロン・バローが憲法制定国民議会から無理やり、交際費という名目で年60万フランの追加支給を獲得してくれたからである。〔1849年〕6月13日〔事件〕の後もボナパルトは似たようなおねだりをしたのだが、今度はバローに耳を貸してもらえなかった。しかし〔1850年〕5月31日〔の新選挙法〕の後ではすぐに好機を見つけ、大臣たちに3000万フランの王室費を国民議会に提案させた。山師としての長い放浪生活のおかげで触角がきわめて発達していたので、相手の弱みにつけこめる瞬間をさぐり当て、ブルジョワからお金を搾り取らせてもらったわけである。文字どおりの恐喝《シャンタージュ》だった。国民議会は民衆の主権をボナパルトとの共謀と協力によって辱めていた。ボナパルトは国民議会に、もしも財布のひもを緩めて毎年300万フランの口止め料をよこさなければ、お前たちの犯罪を民衆に訴えて非難するぞ、と脅迫した。つまり国民議会は、300万人のフランス人から投票権を奪ってしまっていたのだから。ボナパルトは、投票《クール》から外されたフランス人1名につき、流通《クール》する1フラン硬貨を、つまりぴったり300万フランを要求した。600万人に選ばれたボナパルトとしては、後で国民議会にだまし取られた票数に対して損害賠償を要求しているわけである。国民議会の委員会は、その厚かましい要求を退けた。ボナパルト派の新聞が脅迫した。国民議会としては、国民の大多数と原理的かつ決定的に決裂してしまっていた瞬間に、共和国大統領と決裂することができただろうか？ たしかに国民議会は年間王室費は〔48（060）〕拒絶したけれど、1回かぎりの追加支給216万フランは承認した。こうやって国民議会は二重の弱みを見せた。追加支給額を承認したと同時に、それがいやいやながらの承認でしかないことを、不愉快な顔によって知らせてしまったわけだから。ボナパルトがそのお金を何のために必要としたのかは、後で見ることにしよう。普通選挙権の廃止につづいたこの不愉快な一幕で、ボナパルトは、3月と4月の危機のあいだに見せていた謙虚な態度を、〔国民から普通選挙権を簒奪した〕国民議会に対する挑発的なずうずうしい態度に一変させたわけだが、その後、国民議会は8月11日から11月11日までの3ヵ月間、休会になった。休会中は、メンバー18名の常任委員会が議会の留守番をした。その委員会にはボナパルト派はいなかったが、穏健な共和派が何人かいた。1849年の常任委員会には秩序党とボナパルト派の人間しかいなかった。しかし当時の秩序党は革命に常時反対を表明していた。だが今回は議会制共和国が大統領に常時反対を表明していた。5月31日の新選挙法の後、秩序党に対立していたのは、このライバル〔つまり大統領〕だけだった。

国民議会が1850年11月に再開されたとき、大統領とのそれまでのちっぽけな小競り合いのかわりに、情け容赦のない大きな闘いが、ふたつの権力の生死をかけた闘いが、避けがたくなったように思われた。

1849年のときと同様、秩序党は、この年の議会休会中も個々の分派に分かれて、王政復古のためにそれぞれ陰謀を企てていた。ルイ・フィリップ〔王〕の死〔1850年8月26日〕が陰謀にあらためて油を注いでいたのだ。正統王朝派の王アンリ5世は、本格的な内閣まで任命していた。パリに置かれたその内閣には、常任委員会のメンバーも含まれていた。そういうわけだからボナパルトのほうも、当然の権利として、フランス各地の県を巡回し、彼の訪問を歓迎する各都市の雰囲気の度合いにしたがって、あるときは遠回しに、あるときは公然と、自分の王政復古計画をしゃべり散らし、自分への投票をうながした。このボナパルトの行脚は、政府の大きな広報《モニトゥール》にも、ボナパルト私設の複数の小さな広報《モニトゥール》にも、もちろん凱旋行進として派手に報じられることになったが、そのボナパルトの行列にずっとお供をしていたのが、12月10日会の仲間だった。その会は1849年にできたばかりだった〔会の名前は、ボナパルトが大統領に選ばれた1848年12月10日に由来している〕。慈善協会を設立するという口実で、パリのルンペンプロレタリアートが〔49 (061)〕秘密セクションに分かれて組織されていたのだ。どのセクションもボナパルト派の代理人が指揮し、全体のトップはボナパルト派の将軍だった。怪しげな生業で、怪しげな素性の落ちぶれた放蕩者のほかに、堕落して山師をやっているブルジョワジーの跡取りのほかに、浮浪者、除隊された兵士、釈放された懲役囚、ガレー船から脱走した奴隷、詐欺師、ペテン師、ナポリの賤民、すり、手品師、賭博師、売春宿の主人、人足、文士、手回しオルガン弾き、くず屋、刃物研ぎ、いかけ屋、乞食、要するに、あいまいで、バラバラで、あちこちに放り出された大衆の一団が、フランスではラ・ボエームと呼ばれている連中がいた。自分の親戚のような連中といっしょになって、ボナパルトは、12月10日会の献金箱をつくった。たしかに、メンバー全員がボナパルトと同様に、労働する国民に費用を負担してもらって、自分たちに慈善を施すという意味では――「慈善協会」ではあった。ルンペンプロレタリアートのボスとなったボナパルト。自分が個人的に追求している利益をそこでだけ群衆のかたちで見出しているボナパルト。あらゆる階級のこのクズ、ごみ、残りかすこそが、自分が無条件に頼ることのできる唯一の階級であるとみなすボナパルト。このボナパルトこそ、本物のボナパルトであり、掛け値なしのボナパルトなのだ。海千山千の放蕩者である彼は、諸民族の歴史に残る生活や諸民族の国事行為（=国事劇）を、もっとも普通の意味で喜劇だと理解しているのだ。その仮面舞踏会では、大げさな衣装や言葉やポーズはただ、取るに足りない破廉恥な行為を隠す仮面にすぎない。たとえばそれは彼のストラスブール進軍で、そのときは、調教されたスイスのハゲタカが〔ナポレオンの紋章である〕ワシを演じた〔1836年10月30日、スイスにいたボナパルトが、ストラスブール守備隊の2個砲兵連隊を動員して、ルイ・フィリップ打倒で蜂起したが、すぐに武装解除され、ボナパルトも逮捕された。このときボナパルトは、ワシを籠に入れて持っていたといわれる。ボナパルトは恩赦により、アメリカへ追放された〕。ブーローニュ来襲のときは、何人かのロンドンの従僕にフランス軍の制服を着せた。軍隊に仕立てたのである〔1840年8月6日、イギリスにいたボナパルトは、ブーローニュに上陸して反乱を試みたが、逮捕されて終身刑となった。だが1846年に脱走してイギリスへ逃げた〕。12月10日会には1万人のルンペンを集めたが、彼らには、〔シェイクスピアの『真夏の夜の夢』で〕ニック・ボトムがライオンの役をやるように、民衆の役をやってもらう必要があった。ブルジョワジー自身は、完全無欠な喜劇をやっていた。それも世界で一番まじめに、フランスの演劇の作法のうるさい条件〔一日のうちに、一つの場所で、一つの行為だけが完結するべきであるという三一致の法則〕を何ひとつ破ることもなく演じていた。そして自分たちのやっている国事行為が厳粛であることに、自分たち自身も半ば欺かれ、半ば説得されていた。そんな瞬間に山師のほうは、喜劇をそのまま喜劇だと考えていたわけだから、勝つのが当たり前だった。厳粛ぶった相手を片づけてしまい、今度は彼自身が皇帝の役をまじめに考えて、ナポレオンの仮面をつけて本物のナポレオンを演じようとするときに、はじめて彼は自分自身の世界観の犠牲になる。まじめな道化になって、もはや世界史を喜劇とは考えず、自分のやっている喜劇を世界史だと考えるのだ。社会主義労働者にとって〔50（062）〕国民作業場〔臨時政府が失業労働者のためにつくった公共施設で、労働者は職能によってではなく軍隊のように組織された〕に相当するものが、ブルジョワ共和派にとって遊動警備隊に相当するものが、ボナパルトにとっては12月10日会だった。ボナパルト派ならではの独特の兵力だった。ボナパルトが旅行するときは、列車に詰め込まれた12月10日会の部隊が、にわか聴衆となり、みんなの前で熱狂を演じてみせ、「皇帝万歳」と吠え、共和派を侮辱して打ちのめすことになった。もちろん警察の保護のもとで。ボナパルトがパリに帰るときは、その部隊が前衛となり、反対デモの機先を制するか、追い散らすことになった。12月10日会はボナパルトのものであり、ボナパルトの作品であり、ボナパルトならではの思いつきだった。それ以外に彼が手に入れたものは、事情の力によるものであり、それ以外に彼がやったことは、事情が彼のためにやってくれているものである。あるいは、他人の行為のコピーで満足しているのである。けれども、市民の前で公にしゃべるときは、秩序、宗教、家族、財産という公式の決まり文句を並べながら、彼の後ろには、〔シラーの『群盗』に登場する無頼漢〕シュフテルレやシュピーゲルベルクたちの秘密の一団が、無秩序、売春、泥棒の一団が控えていた。これこそが、原作者としてのボナパルト自身なのだ。12月10日会の歴史=物語は、ボナパルト自身の歴史=物語なのである。例外的な事件だったが、秩序党に属する代議士たちが12月10日会派のこん棒に見舞われていた。それだけではない。国民議会の安全を守るために配属されている警部ヨンが、アレとかいう男の供述にもとづいて、常任委員会に通報したところによると、12月10日会のセクションがシャンガルニエ将軍と国民議会議長デュパンの暗殺を決定し、それを実行する人間まで決めていたのだ。〔臆病な〕デュパン氏がふるえあがったのもよくわかる。議会が12月10日会について調査するということは、ボナパルトの秘密の世界を明るみに出すということだが、それが不可避のように思われた。国民議会開会の直前にボナパルトは用意周到に自分の会を解散したが、もちろんそれは紙の上だけのことだった。というのも1851年末になっても、警視総監カルリエが詳細な覚書を書いて、ボナパルトに12月会派を実際に解体するよう迫ったが、うまくいかなかったからである。

12月10日会は、ボナパルトにとってボナパルトの私的な軍隊だった。それはつなぎにすぎず、彼は、公式の軍隊を12月10日会のようなものに変えることを考えていた。ボナパルトが軍隊の私兵化を最初に試みたのは、国民議会の休会のすぐ後だった。しかも国民議会からふんだくったばかりのお金でそれを試みた。宿命論者の彼には確信があった。〔51（063）〕ある種の、より高い力が存在しており、人間、とりわけ兵士は、それに逆らうことができない。その種の力として彼が最初に考えていたのが、葉巻とシャンパン、それにコールドチキンとガーリックソーセージである。だから彼はエリゼ宮の部屋で、まず士官と下士官に葉巻とシャンパン、それにコールドチキンとガーリックソーセージをたっぷり振る舞った。10月3日にはその作戦を、サン・モールでの閲兵式のときに部隊の兵士たちにくり返し、10月10日には同じ作戦をもっと大規模に、サトリの軍事パレードでくり返した。伯父〔のナポレオン1世〕はアレクサンドロスのアジア遠征を思い出したが、この甥はバッカスのアジア征服を思い出した。もっともアレクサンドロス大王は半神だったが、バッカスは酒の神で、おまけに

12月10日会の守護神だった。

10月3日の閲兵式の後で、常任委員会が陸軍大臣ドプールを召喚した。ドプールは、「あのような規律違反はくり返させません」と約束した。ボナパルトが10月10日にドプールの言葉をどのように守ったかは、よく知られている。どちらの閲兵式でもシャンガルニエがパリ管区総司令官として指揮をとっていた。彼は、常任委員会のメンバーであると同時に国民衛兵隊のボスであり、1月29日と6月13日の「救世主」であり、「社会の防塁」であり、秩序党の大統領候補であり、2つの王朝にとって「イングランドの将軍ジョージ・」マンクになると目された人物だが、それまで一度として自分が陸軍大臣の下であると認めたことはなかったし、共和国憲法をつねに公然と馬鹿にしてきたし、ボナパルトのことはどっちつかずのお上品な庇護者の顔をして見守ってきた。今やその彼が熱心に、規律のために陸軍大臣に反対し、憲法のためにボナパルトに反対したのだ。10月10日に騎兵の一部が「ナポレオン万歳！ソーセージ万歳！」と叫んだのだが、シャンガルニエのほうは、自分の友人ヌメエの指揮下で分列行進している歩兵には、氷のような沈黙を守らせた。ボナパルトに言われて陸軍大臣は、その罰としてヌメエ将軍をパリのポストから外した。第14、第15師団の司令官に任命するという口実で。ヌメエはこの転任を拒否し、そのため免職になってしまった。シャンガルニエのほうは11月2日、日課規定を通達した。部隊が武装している場合、政治的な言葉を叫んだりデモをしたりすることは、どのようなものであれ禁止したのだ。エリゼ系の新聞はシャンガルニエを攻撃し、秩序党の新聞はボナパルトを攻撃し、常任委員会は秘密会議をくり返した。秘密会議では、祖国の危機を宣言することがくり返し提案された。[52 (064)] 軍は敵対する2陣営に分かれ、2つの参謀本部が敵対しているように思われた。一方の参謀本部は、ボナパルトの住むエリゼ宮にあり、もう一方の参謀本部は、シャンガルニエの住むテュイルリー宮にあった。国民議会が開会するだけで、すぐに闘いの合図が鳴り響く気配だった。このボナパルトとシャンガルニエのいざこざを見物していたフランスの観客は、あのイギリスのジャーナリストと同じ判断をしていた。いざこざの特徴をそのジャーナリストは、こんな言葉で書いていたのだ。「フランスの政治係の女中たちが、赤く燃える革命の溶岩を古いホウキで掃き出している。そしてその仕事をしながら、ののしり合っている」。

そのあいだにボナパルトが急いだのは、陸軍大臣ドプールを解任し、あたふたと彼をアルジェリア送りにし、その代役としてシュラム将軍を陸軍大臣に任命することだった。11月12日には国民議会にアメリカ式の冗長な教書を送った。細々とぎっしり詰め込み、秩序のにおいを漂わせ、憲法の枠を逸脱することなく、ありとあらゆることを扱いながら、喫緊の課題だけは扱っていなかった。ついでに触れておくような顔をして彼が漏らした言葉があった。「憲法の明確な規定によれば、大統領だけが軍隊を自由に指揮できるのです」。教書は、以下のような、おごそかな誓いの言葉で締めくくられていた。

「フランスは、なによりもまず平穏を求めています。……しかしながら宣誓に縛られている私としましては、宣誓が私に引いた狭い境界の内側にとどまっているつもりです。……私は民衆に選ばれ、私の権力はひとえに民衆から負託されたものですから、私としましては、法として明示された民衆の意思に従うつもりです。皆さんがこの会期に憲法改正を可決するのなら、憲法制定議会が執行権力の地位を調整することになるでしょう。そうでない場合は、民衆が１８５２年におごそかに自分たちの決定を告知することになるでしょう。しかし将来これがどのように解決されるとしても、激情や不意打ちや暴力によって偉大なる国民の運命が決められることがないように、合意しておこうではありませんか。……なによりも私にとって気がかりな問題は、誰が１８５２年にフランスを統治するのだろうか、ということを知ることではありません。そうではなく、この過渡期が扇動や騒乱なしに経過するよう、私に任されている時間を役立てることなのです。私は誠実に私の気持ちを皆さんに打ち明けました。皆さんも、私の率直さには皆さんの信頼で、私の善意の努力には皆さんの協力で応えていただきたいと思います。それ以外のことは神に任せるしかありません」。

〔53 (065)〕ブルジョワジーが使う、誠実で、偽善者のように穏健で、有徳の士のように月並みな言葉だ。だがこの言葉が、12月10日会の独裁者でサン・モールとサトリのピクニック英雄〔ボナパルト〕の口から出ると、そのもっとも深い意味が明らかになる。

秩序党の城主たちは、ボナパルトが明かした胸のうちが信頼に値するなどと勘違いすることは、一瞬たりともなかった。宣誓などはとっくの昔に見下していたし、彼らの仲間には政治的偽証のベテランや名人がいたので、軍隊に関する箇所を聞き落としてはいなかった。彼らが気づいて不機嫌になったのは、教書が、最近公布された法律をくどくど列挙しているのに、もっとも重要な法律である選挙法についてはもったいぶって黙殺していることであり、むしろ、憲法を改正しない場合には、１８５２年の大統領選挙を民衆の意思にゆだねていることだった。選挙法は、秩序党の足につけられた鉛の玉で、そのため秩序党は歩くことを妨げられ、まして突進などできなくなっていたのだ！　おまけにボナパルトは、12月10日会を公式に解散させ、陸軍大臣ドプールを解任することによって、犠牲のヤギを自分の手で祖国の祭壇に捧げていた。予想される衝突のほこさきを鈍らせておいたのだ。とうとう秩序党自身も心配になって、執行勢力と決定的な紛争になりそうなことは、どんなことでも回避しようとし、収めようとし、もみ消そうとした。革命で獲得したものを失うのを恐れて、秩序党は自分たちのライバルに獲得した果実をとらせた。「フランスはなによりもまず平穏を求めています」。このように秩序党は2月以来の革命に呼びかけたのだが、ボナパルトの教書も秩序党にこう呼びかけたのだ。「フランスはなによりも平穏を求めています」。ボナパルトは権力簒奪をねらった行動に出たが、秩序党がその行動に警鐘を鳴らして、その行動を神経過敏に解釈すると、秩序党が「平穏」を乱したことになった。サトリの〔ピクニックのときの〕ソーセージは、誰からも話題にされないかぎり、ネズミ一匹の騒ぎにもならなかった。「フランスはなによりもまず平穏を求めています」。というわけでボナパルトは、平穏に自分の好きなようにやらせてもらうことを求めた。そして議会の秩序党のほうは、二重の恐れから手足がしびれていた。自分たちが革命の不穏を呼び覚ますのではないかと恐れ、自分たち自身が自分たちの階級の目に、つまりブルジョワジーの目に不穏の張本人として映るのではないかと恐れていた。なにしろフランスがなによりもまず平穏を求めていたわけだから、ボナパルトに教書で「平和」と言われてしまった以上、秩序党は「戦争」と答えるわけにはいかなかったのだ。観客は、国民議会の開会で大スキャンダルの場面が見物できると思っていたのに、期待を裏切られた。野党の代議士は、〔サン・モールやサトリで軍隊にご馳走をした〕10月事件について常任委員会の議事録の提出を求めたが、多数決で否決された。騒ぎになりそうな討論はすべて原則として避けられた。［54 (066)］１８５０年の11月と12月の国民議会がやった仕事は、興味のないものだった。

ようやく12月末になってゲリラ戦が議会の2、3の特権をめぐって始まった。ブルジョワジーが普通選挙権の廃止によって階級闘争をとりあえず片づけてしまってからは、運動は、双方の権力の優先権をめぐるささいな嫌がらせに終始して泥沼化した。

モガンという代議士には、債務のかどで裁判所の判決が下されていた。裁判長から問い合わせを受けた法務大臣ルエは、「遠慮は無用、ただちに債務者に対する逮捕状を用意すべし」と断言した。そういうわけでモガンは債務者監獄にぶち込まれた。この政治テロを聞いて、国民議会がいきり立った。モガンの即刻釈放を命じただけでなく、その日の夕方には議会の書記に、モガンを無理やりクリシー〔の債務者監獄〕から連れ出させた。けれども私有権の神聖さを議会が信じていることを示すために、また、緊急時には重荷になったモンターニュ派のアジールを用意しておこうという下心もあって、議会は、事前に議会の承認があれば代議士の債務拘留を容認する、と宣言した。だが議会は、大統領であっても債務ゆえに収監されることがある、と布告するのを忘れた。議会は、議会の身体の手足ともいうべき議員を守っていた最後の不可侵証明書を破棄したのだ。

ここで思い出されるのは、警部ヨンがアレとかいう男の供述にもとづいて、12月派のセクションがデュパンとシャンガルニエの暗殺を計画していると密告していたことだ。〔常任委員会の〕最初の会議ですぐに政務官がその件に関して提案をした。国民議会の特別予算から給与を支払い、警視総監から完全に独立した、独自の議会警察をつくろうと提案したのだ。内務大臣のバロシュは、自分の管轄へのこの介入に抗議していた。そこで情けない妥協がなされた。たしかに議会の警部は議会の特別予算から給与が支払われ、議会の政務官によって任免されるのだが、それには内務大臣との事前の合意が必要なのである。そうこうするうちにアレは政府によって裁判にかけられていた。そうなると裁判で、アレの供述をいかがわしいもの〔55（067）〕だとし、検事の口をとおしてデュパン、シャンガルニエ、ヨン、国民議会全体を滑稽なものに見せるのは、簡単だった。そして今、12月29日、内務大臣バロシュはデュパンに手紙を書いて、ヨンの免職を求めている。国民議会の事務局はヨンの留任を決定するのだが、国民議会がその決定を認めない。国民議会は、モガン事件での自分たちのやり方が乱暴だったことに動転しており、また思い切って執行権力に一撃を加えれば、その反撃が倍返しになることをよく知っていたのだ。国民議会は、ヨンを職務熱心のほうびとして免職にして、議会の優先権を手放すことになる。この議会の優先権は、昼に実行するため夜に決定するのではなく、昼に決定して夜に実行する人間に対抗するには、なくてはならないものだったのだが。

すでに見てきたように、国民議会は11月と12月のあいだ、大きな、決定的なきっかけがあったのに、執行権力との闘いを避け、それを打ち切った。そして今、国民議会はまるでどうでもいいきっかけで闘わざるをえなくなっている。モガン事件で国民議会は、原則に従って、代議士の債務拘留を承認するのだが、しかしそれを適用するのは自分たちの気に入らない代議士だけに限定し、その恥知らずな特権をめぐって法務大臣と争う。〔ヨン事件のとき〕国民議会は、いわゆる暗殺計画を利用して、12月10日会についての調査を命じ、パリのルンペンプロレタリアートのボスとしてのボナパルトの正体をフランスとヨーロッパの前に容赦なくあばく、ということをしないで、そのかわりに衝突をちっぽけな点に収束させてしまう。つまり衝突を、国民議会と内務大臣のあいだで、〔ヨンという〕警部の任免がどちらの権限に属するのか、という問題にすぎなくしてしまったのだ。こういうわけでこの期間の秩序党を見ると、そのどっちつかずの態度のせいで、彼らにとって執行権力との闘いは、不発に終わってボロボロにならざるをえず、どうでもいい権限争いや嫌がらせや縄張り争いに終始した。そして、なんとも馬鹿ばかしい形式問題が彼らの活動内容となった。秩序党は、まさに衝突に原理的な意義がある瞬間には、衝突しようとしない。その瞬間なら、執行権力の化けの皮が実際にはがれており、国民議会の問題が国民の問題であるかもしれないのに。衝突すれば、秩序党は国民に進軍命令を出すことになるわけだが、秩序党がなによりも恐れているのは、国民が動くことなのだ。だからそのような機会には、秩序党はモンターニュ派の動議を却下して、通常の議事日程に戻るのである。[56 (068)] 係争問題がその大きな局面で断念されると、執行権力は、静かに時機の到来を待つ。同じ係争問題を些細なきっかけで取り上げることができ、しかもそれがいわば議会のローカルな利害関心にすぎなくなっている時点まで、待つのである。そうなると秩序党が、我慢していた怒りを爆発させる。そして舞台裏を隠していたカーテンを破る。そして大統領を告発する。そして共和国の危機を宣言する。だがそのときには、秩序党のパトスも馬鹿ばかしいものに思われ、闘いのきっかけも、偽善者の口実か、そもそも闘うに値しないきっかけだと思われることになる。議会の嵐はコップのなかの嵐となり、闘いは陰謀になり、衝突はスキャンダルになる。革命的な階級は、国民議会の屈辱的な様子を見て、その失敗を意地悪く喜んでいる。というのも革命的な階級は、国民議会が公共の自由を熱愛するのと同じ程度に、国民議会の議会としての優先権を熱愛しているからだ。その一方、議会外のブルジョワジーは、議会内のブルジョワジーがまったくどうでもいいような喧嘩で時間を無駄にして、大統領とのまったくみじめな張り合いで平穏をあやうくしていることが理解できない。世間が戦闘を期待する瞬間に、講和を結び、講和が結ばれたと世間が思う瞬間に、攻撃をする、という戦略を見て、議会外のブルジョワジーは混乱するのである。

12月20日、議会でパスカル・デュプラが内務大臣に金地金《ゴールドバー》ロトについて質問をした。そのロトは「エリゼ宮の娘《エリジウム》」だった。ボナパルトが腹心といっしょになって生み出したもので、警視総監カルリエが公式に保護していたロトだった。フランスの法律では、慈善目的のくじを例外としてロトはすべて禁止されているにもかかわらず。くじは700万枚で、1枚1フラン、収益でパリの浮浪者を船でカリフォルニアに送るという名目だった。その一方で、黄金の夢によってパリのプロレタリアートの社会主義の夢を排除しようという魂胆や、大当たりする見込みで誘惑することによって教条的な労働権を排除しようという魂胆があった。パリの労働者たちはもちろん、自分たちのポケットから誘い出された見栄えのしないフラン貨を、カリフォルニアの金地金《ゴールドバー》の輝きのなかに見つけることはなかった。なにしろこのロトは明らかな詐欺だったのだ。パリから離れる苦労もせずにカリフォルニアで金鉱を開こうと思っていた浮浪者とは、ボナパルト自身のことであり、借金でボロボロになったその取り巻きのことだった。国民議会に承認された300万は遊びで使い果たしていたので、なんらかの方法で金庫をふたたび一杯にする必要があった。[57 (069)] いわゆる「労働者都市」の建設のためにボナパルトは、国債の予約募集を始め、自分も先頭に立って相当な額を引き受けたが、うまくいかなかった。冷酷なブルジョワたちはボナパルトに不信感をもち、彼の引き受け分が払い込まれるのを待っていたが、もちろん払い込まれることはなかったので、社会主義の空中楼閣への思惑はぺちゃんこになった。それに対して金地金《ゴールドバー》のほうは、うまくいった。ボナパルトとその仲間は、７００万フランから賞金となる金地金《ゴールドバー》を差し引いた余りのお金を一部、ポケットに入れただけでは満足せず、偽のくじを作った。10番なら10番の同じ番号で、15枚から20枚のくじを発行した。まさに12月10日会の精神による財政操作！　ここで国民議会が相手にしていたのは、虚構の共和国大統領ではなく、生身のボナパルトだった。ここで国民議会はボナパルトを、憲法違反ではなく刑法違反により現行犯で押さえることができた。だがデュプラの質問があったのに、国民議会は通常の議事に戻った。それは、「「もう十分だ」と打ち切りを宣言すべきだ」というジラルダンの動議が、秩序党に自分たちの組織的な腐敗を思い出させたからだけではなかった。ブルジョワは、とくに代議士になってうぬぼれたブルジョワは、卑しい自分の実践を大げさな理論で補うものだ。代議士になったブルジョワは、自分が向き合っている国家権力と同様に、より高い存在になるので、それと闘って負けないためには、より高い、聖別された方法しかない。

ボナパルトは、まさにボヘミアンであり、王子のようなルンペンプロレタリアなので、卑劣なブルジョワとちがって闘いを下品にやれるという長所をもっていた。軍隊宴会、閲兵式、12月10日会、そして最後には刑法というすべりやすい地面を、議会みずからの手につかまりながら渡らせてもらったボナパルトは、今こそ、見せかけの守勢から攻勢に転じることができる瞬間がきたと考えた。そのあいだに法務大臣や陸軍大臣や海軍大臣や大蔵大臣が小さな敗北をこうむっては、国民議会がぶつぶつと不快感を表明していたが、ボナパルトはほとんど困らなかった。彼は、大臣たちの辞任を阻止することによって、執行権力が議会に屈服することを認めることを阻止しただけではなかった。国民議会休会中に自分が始めていたことをやりとげたのだ。軍事権力を議会からもぎ離すこと、つまりシャンガルニエを解任することができたのである。

　エリゼ派の新聞が、ある日課規定を記事にした。〔1850年〕5月中に第1師団に通達されたものとされているから、通達したのはシャンガルニエで、[58 (070)] その日課規定では、将校は、反乱の場合、自分の隊の裏切り者を容赦することなく、ただちに射殺することが望ましく、国民議会に出動を要請されても拒絶することが望ましいとされていた。1851年1月3日、内閣はこの日課規定について議会で質問された。この件の調査のため内閣は最初、3ヵ月の猶予を求め、つぎに1週間の猶予、最後には24時間の猶予を求める。議会はただちに説明することを要求する。シャンガルニエが立ち上がって、きっぱりと言った。「そんな日課規定など、存在したことありませんな」。そしてこうつけ加えた。「私はいつでも国民議会の要請があれば、すぐに実行するつもりだ。なにか衝突があれば、どうぞ私をあてにしてもらいたい」。国民議会は、万雷の拍手でシャンガルニエの表明を歓迎し、彼に対する信任投票をすることにした。国民議会の退場である。国民議会は自分を一将軍の個人的な保護下におくことによって、自分自身の無力と軍隊の全能を布告しているのだから。しかし将軍は勘違いをしている。自分がボナパルトから借用しているにすぎない権力を、ボナパルトに対抗するために、議会に用立てようとしているのだから。そして将軍のほうも、そういう議会に、つまり、将軍の保護を必要とする被保護者に、保護してもらうことを期待しているわけだから。しかしシャンガルニエは、1849年1月29日以来ブルジョワジーに付与された神秘的な権力を信じている。彼は自分のことを、2つの国家権力に並ぶ第3の権力だと思っている。彼はこの時期の他の英雄たち、というよりはむしろ聖人たちと、運命をともにしている。その聖人たちの偉大さは、まさに、彼らの党が彼らについて広めた打算ずくの高評価にもとづくものだから、状況しだいで聖人が奇蹟を起こすように言われると、たちまち普通の人物に戻るのである。不信仰こそがそもそも、勘違いされた英雄や実際の聖人にとっては致命的な敵なのだ。だから彼らは、熱狂しない冗談好きや皮肉屋のことを、もったいぶった道徳によって憤慨するのである。

同じ日の夕方、大臣たちがエリゼ宮に呼び出された。ボナパルトはシャンガルニエの解任を強要し、5人の大臣は署名を拒む。官報の『モニトゥール』は大臣たちの危機を予告し、秩序党の新聞は、シャンガルニエ指揮下の議会軍をつくるぞと脅しをかける。秩序党には、この措置をとる憲法上の権限があった。シャンガルニエを国民議会議長に任命して、議会の安全のために好きなだけ部隊を徴用するだけでよかったのだ。シャンガルニエがまだ実際に軍隊とパリ国民衛兵のトップにいて、ともかく軍隊ともども徴用されることを待望していたのだから、なおのこと議会軍の創設は確実だった。〔59 (071)〕ボナパルト派の新聞はまだ、国民議会に部隊を直接徴用する権利があるのか、と疑うことすらしようとしなかった。法律上の問題があるとためらってみせたところで、この情勢では成功の見込みはなかった。もしも国民議会が命令すれば、軍隊がそれに従ったかもしれないという可能性はある。なにしろボナパルトは、シャンガルニエ解任に連署する用意があると表明している2名の将軍——バラゲ・ディリエとサン・ジャン・ダンジェリ——をようやく見つけるまでに、8日間パリ中を探さなければならなかったのだから。しかし秩序党が、自分たちの隊列と議会内での議会軍の議決に必要な票数を見出したかもしれないということは、きわめて疑わしい。なにしろ8日後には、286票が秩序党から離れたのだし、モンターニュ派は1851年12月、決定の最後の時でも同様の提案を否決したのだから。しかしながら城主たちなら今でも、自分の党派の多数の人間をヒロイズムに引きずり込むことができたかもしれない。なにしろヒロイズムといっても、銃剣の森の後ろに隠れて安全を確認したうえで、自分たちの陣営に投降してきた軍隊を世話することなのだから。だがそのかわりに城主諸君は、〔1852年〕1月6日の夕方、エリゼ宮に出向いて、老練な政治家のような言葉と懸念を並べて、ボナパルトにシャンガルニエ解任を思いとどまらせようとした。人を説得しようとすれば、その人を状況の主人だと認めたことになる。ボナパルトは、城主たちの言動によって自信をもち、1月12日に新内閣を任命する。新内閣には前内閣のリーダーであるフルドとバロシュが留任した。サン・ジャン・ダンジェリが陸軍大臣となり、『モニトゥール』がシャンガルニエ解任を報じる。シャンガルニエの指揮権は、第1師団を指揮するバラゲ・ディリエと、国民衛兵を指揮するペロに分割される。社会の防塁〔シャンガルニエ〕が解任されたのだ。だからといって屋根から石は落ちてこなかったが、そのかわり株式相場が上がった。

軍隊は、シャンガルニエに体現されていて、秩序党の意のままに動くことにしていたのだが、秩序党は、その軍隊を突き返し、最終的に軍隊を大統領に引き渡すことによって、ブルジョワジーが支配という職を失ってしまったことを明らかにした。もはや議会制内閣は存在しなかった。秩序党は、軍隊と国民衛兵を手放してしまったわけだから、民衆に対する議会の横奪権力と、大統領に対する議会の立憲権力とを、秩序党が同時に主張するためには、どんな権力の手段が秩序党に残っていたか？　なにも残っていなかった。権力をもたない原理に訴えることしか残っていなかった。権力をもたない原理は、秩序党が一般規則にすぎないと自分たちでいつも説明してきた原理であり、[60 (072)] 自分たちがもっと自由に動けるように第三者に処方する原理なのだ。シャンガルニエの解任によって、つまり軍事権力のボナパルトへの帰属によって、われわれが観察している時期の、つまり秩序党と執行権力の闘いの時期の第1章が終わる。この2つの権力のあいだでは、今や宣戦が布告されている。しかし実際に公然と戦争が行われるのは、秩序党が武器と兵士を失ってしまってからのことである。内閣もなく、軍隊もなく、民衆もなく、世論もなく、〔普通選挙権を廃止した〕5月31日以降はもはや主権者たる国民の代表でもなく、〔シェイクスピアの『お気に召すまま』から借用すれば〕目もなく、耳もなく、歯もなく、すべてをなくして、しだいに国民議会は、旧フランスの高等法院〔高等法院《パルルマン》には国王の命令に対して異議を申し立てる権利があったが、国王臨席の会議では国王の決定が優先された〕へと様変わりしてしまっていた。つまり、行動は政府に任せざるをえず、自分は後でぶつぶつ異議を申し立てることで満足するしかなかった。

秩序党は嵐のように憤激して新内閣を迎えた。〔副議長の〕ブドー将軍が、休会中の常任委員会の手ぬるさと、議事録公表の断念という常任委員会の行きすぎた配慮に注意を喚起した。すると内務大臣がみずからその議事録の公表を要求したのだが、今やその議事録は当然、気の抜けた炭酸水のようで、新しい事実を暴露することもなく、上から目線の読み手の期待を完全に裏切るものだった。レミュザの提案により国民議会は自分たちの事務局に引き下がり、「非常措置委員会」を任命する。その瞬間、商業は繁栄し、マニュファクチュアは忙しく、穀物価格は低く、食料品はあふれかえり、貯蓄銀行は毎日のように預金を獲得していたので、パリが日常の秩序の軌道からそれることはなかった。議会にあんなに騒々しく告知された「非常措置」は、〔1851年〕1月18日、大臣たちへの不信任投票となって消えたのだが、そのときシャンガルニエ将軍は言及すらされなかった。秩序党がそういう不信任案を出さざるをえなかったのは、共和派から票を確保するためだった。なにしろ内閣の全措置のうち共和派が承認していたのは、まさにシャンガルニエの解任だけであり、その一方、秩序党のほうは実際、シャンガルニエ解任以外の内閣の行動はすべて自分たちが押しつけたものだから、非難するわけにはいかないのだ。

1月18日の不信任案は、賛成415票、反対286票で可決された。つまりそれは、断固たる正統王朝派とオルレアン派が、純粋共和派やモンターニュ派と連合したから可決されただけのことだった。つまりそれによって証明されたことがある。秩序党は、［61（073）］内閣だけでなく、軍隊だけでなく、ボナパルトとの争いによって議会での自分たちの絶対多数までをも失ってしまったのだ。代議士の一団が秩序党の陣営から脱走してしまったのだ。脱走の理由は、和解への熱狂であり、闘いに対する恐れであり、疲れであり、身内がもらっている国家俸給についての家族としての配慮であり、空席になるだろう大臣ポストへの思惑（オディロン・バロー）であり、月並みな利己主義であった。普通のブルジョワは利己的だから、どんなときでも自分の階級全体の利害を、あれこれ個人的な動機によって犠牲にしがちなのだ。ボナパルト派の代議士が秩序党にくっついていたのは、最初から、革命に反対して闘うためにすぎなかった。カトリック党のボスであるモンタランベールは、すでに当時から自分の影響力をボナパルトの天秤のほうに載せていた。なにしろ議会政党の生命力に絶望していたのだから。最後に議会政党の指導者たち、オルレアン派のティエールと正統王朝派のベリエは、自分たちが共和主義者であることを宣言せざるをえなくなっていた。「われわれの心は王のものですが、頭は共和主義者であり、議会共和制こそブルジョワジー全体が支配するための唯一可能な形式なのであります」と表明せざるをえなくなっていた。彼らは飽くことなく議会の裏側で王政復古の計画を練っていたのだが、ブルジョワ階級の目の前で自分たちみずから、その計画は、まさに危険で無能な陰謀であると烙印を押さざるをえなくなっていた。

1月18日の不信任案の投票で打撃を受けたのは、大臣たちであって大統領ではなかった。だがシャンガルニエを解任したのは、内閣ではなく大統領だった。秩序党はボナパルト本人を被告席にすわらせるべきだったか？ 彼の王政復古への欲望を理由にして？ だがボナパルトのその欲望は、秩序党の欲望を補完するものにすぎなかった。閲兵式や12月10日会でのボナパルトの陰謀を理由にして？ だがそれらの問題は、とっくの昔に単純な議事日程のなかに埋葬されていた。1月29日と6月13日の英雄、つまり、1850年5月に、「もしも暴動になればパリを火の海にするぞ」と脅かした男〔シャンガルニエ〕を解任したことを理由にして？ だが秩序党の同盟者であるモンターニュ派とカヴェニャックは、倒れた「社会の防塁」〔シャンガルニエ〕を公式の弔意表明によってまっすぐに起こすことすら、秩序党に許さなかった。秩序党自身、大統領から将軍解任の憲法上の権限を奪うわけにはいかなかった。秩序党が荒れ狂ったのは、大統領が憲法上の権利を、議会を無視して使ったからにすぎなかった。秩序党は、議会の優先権をずっと、憲法を無視して使っていたのではないか？　なによりも普通選挙法の廃止のときに？　だから秩序党としては、［62（074）］議会の枠から一歩もはみ出すことなく動くことが肝心だった。それには、1848年以来ヨーロッパ大陸全土に蔓延している独特の病気が必要だった。議会クレチン病だ。議会クレチン病は、感染者を妄想の世界に縛りつける。そして感染者から、ざらざらした外界にまつわるあらゆる感覚、あらゆる記憶、あらゆる理解を奪い取る。秩序党は、議会権力のあらゆる条件をズタズタにしてしまっており、他の階級と闘うときにもズタズタにせざるをえなかったのだが、秩序党が自分たちの議会での勝利を勝利とみなし、大統領の大臣たちを攻撃することによって大統領に打撃をあたえていると信じるためには、議会クレチン病が必要だった。だが秩序党は大統領に、国民の目の前であらためて国民議会を辱めるチャンスをあたえただけだった。

1月20日に『モニトゥール』は、「内閣総辞職が受理されました」と報じた。ボナパルトは、「1月18日の投票結果、つまりこの、モンターニュ派と王朝派の連合の結実が示しているように、どの議会政党も過半数を占めていない」という口実で、それから、多数派が新しくできるまで待つためにも、いわゆる暫定内閣を任命した。その内閣のメンバーは誰ひとり議席をもたず、まったく無名の小物ばかりで、たんなる番頭と書記の内閣だった。秩序党は今や、そのマリオネットたちとゲームをしてくたびれていればよかった。執行権力はもはや、本気で国民議会に代表を出席させる苦労をすることもないと考えた。ボナパルトは、自分の大臣たちがまったくの端役になればなるほど、すべての執行権力をますます目に見えるかたちで自分ひとりに集中させ、ますます自分の自由裁量の領域を広げて、自分の目的のために執行権力を利用しつくした。

モンターニュ派と連合した秩序党の仕返しは、大統領への180万フランの贈与金を否決することだった。その贈与金の議案は、12月10日会のボスが自分の内閣の番頭たちに無理やり出させたものだった。今回は、たったの102票差で否決された。ということは1月18日以来、新たに27票が離反していたわけで、秩序党の解体が進行していたのだ。その否決と同時に秩序党は、モンターニュ派のメンバー189人の署名による政治犯の一般恩赦を求める動議を、考慮することすら拒んだ。それは、自分たちとモンターニュ派の連合の意味をいかなる瞬間にも勘違いされないためだった。ヴェセとかいう内務大臣が、こんなふうに説明するだけで十分だった。「平穏なのはうわべだけです。ひそかに大がかりなアジテーションが行われております。ひそかに各地で結社が組織されております。民主派の［63 (075)］新聞が再刊の準備をしております。各県からは不都合な報告が届いております。ジュネーブの亡命者がリヨン経由で南フランス全土に陰謀を指導しております。フランスは商工業の危機の一歩手前です。ルベの工場主たちが操業時間を短縮しました。〔政治犯を収容する〕ベル島の囚人たちが怒っております」──たったひとりヴェセとかいう男が赤い幽霊を呼び出しただけで、秩序党は討論もせずに動議を否決したのだ。動議を通しておけば、国民議会は人気を猛烈に高めていたにちがいなく、またボナパルトを国民議会の腕のなかに取り戻していたにちがいないのだが。秩序党は、新たな不穏な動きがありそうだと執行権力に脅かされるかわりに、むしろ階級闘争にちょっとした活動の余地を認めて、執行権力を自分たちに従属させておく必要があったのかもしれない。けれども秩序党は、自分たちは火遊びをこなせるほど大人ではないと感じていた。

そのあいだ、いわゆる暫定内閣は4月半ばまでなんとか生きのびた。ボナパルトは、つねに大臣を新しく組み合わせることによって、国民議会を疲れさせ、からかった。あるときはラマルティーヌとビヨーを起用して、共和派の内閣を作ろうとしているようだった。あるときはお約束のオディロン・バローを起用して、議会内閣を作ろうとしているようだった。一杯食わせる必要があるとき、オディロン・バローはなくてはならぬ名前である。またあるときはヴァティメニルとブノワ・ダジを起用して、正統王朝派の内閣を作ろうとしているようだった。またあるときはマルヴィルを起用して、オルレアン派の内閣を作ろうとしているようだった。そんな具合にボナパルトは、秩序党の各分派を対抗させて緊張関係においたうえで、すべての分派には、共和派の内閣を作るかもしれず、そうなると普通選挙権の復活が避けられなくなるだろうという見通しを示して、すべての分派を不安にした。その一方で同時にボナパルトは、ブルジョワジーに対して、「私は議会内閣を作ろうと誠実に努力しているのだが、王朝派の各分派がかたくななためにうまくいかないのだ」と言って納得させた。しかし、全国的に商業の危機が押し寄せる気配がつのって、そのため都市部では社会主義がもてはやされるようになり、また農村部では穀物が壊滅的な低価格となるにつれて、ブルジョワジーは、ますます大きな声で「強い政府」を要求するようになり、フランスを「行政不在」のまま放置することは、ますますもって許しがたいと考えた。商業は日ごとにふるわなくなった。失業者が目に見えて増えた。パリでは少なくとも1万人の労働者が失業し、ルーアン、ミュルーズ、リヨン、ルベ、トゥルコアン、サン・テティエンヌ、エルブーフなどでは無数の工場が操業停止になった。こういう状況だったのでボナパルトは、4月11日に、あえて1月18日の内閣を復活させることができた。ルエ氏、フルド氏、バロシュ氏などの顔ぶれで、これを〔64 (076)〕レオン・フォシェ氏が補強していた。レオン・フォシェ氏というのは、憲法制定議会の末期に、偽の至急公電を公開したかどで、大臣5人を除く満場一致で不信任案可決の烙印を押された人物である。つまり国民議会は1月18日に内閣から勝利をさらっていたのだが、3ヵ月のあいだボナパルトと闘った結果、4月11日にフルドとバロシュが、自分たちの内閣同盟の3番目のメンバー〔シラーの詩「人質」のフレーズのもじり〕として、ピューリタンのフォシェを迎えることができたのだ。

1849年11月にはボナパルトは非議会的な内閣で満足していた。1851年1月には議会外的な内閣で満足していた。

会外的な内閣で満足していた。４月11日には自分には反議会的な内閣を作る十分な力があると感じた。それは、２つの議会の、つまり憲法制定議会と立法議会の、いいかえれば共和派の議会と王政派の議会の不信任投票を、うまく調和させて内蔵している内閣だ。この３つの内閣ハシゴ段が体温計となって、議会は自分の体温の低下を測ることができた。４月末には議会の体温がすっかり下がったので、〔ルイ・ボナパルトのもっとも忠実な腹心〕ペルシニーが個人的にシャンガルニエに会って、大統領の陣営に移ることをすすめるほどになった。ペルシニーはシャンガルニエに保証した。「ボナパルトはね、国民議会の影響力はすっかりなくなったと見てるんだよ。クーデタの後に公表する予定の宣言文も、もう用意されているんだ。クーデタはさ、たまたま延期されただけで、機会をずっとねらっているんだが」。シャンガルニエは秩序党の指導者たちに国民議会の死亡通知を伝えた。だが南京虫にかまれて死ぬなどと、誰が信じるだろう？　それに議会も、あんなに打ちのめされ、あんなにバラバラにされ、あんなに死臭を放っているのに、12月10日会のボスとの決闘を、南京虫との決闘以上のものと見ることはどうしてもできなかった。しかしボナパルトは秩序党に対して、アゲシラオスがアギス王〔「アギス王」はマルクスの勘違いで「エジプト王タコス」のこと〕に答えたように、こう答えた。「お前には私がアリのように見えるだろう。だがいつかライオンになってやる」。

## VI

秩序党は、軍事権力の保持を主張し、執行権力の最高指揮権を奪回しようとむなしく努力しているときに、[65 (077)] モンターニュ派および純粋共和派と連合するしかない羽目になったが、その連合によって反論の余地なく証明されたのは、秩序党が単独では議会の過半数を失っていたということだ。秩序党の完全な解体は時間の問題で、時計の針が解体の合図をカレンダーに書きつけていた。5月29日〔正しくは28日〕に国民議会の生涯最後の年が始まった。

国民議会は、憲法をそのまま存続させるか、それとも改正するのか、決断するしかなかった。しかし憲法の改正はたんに、ブルジョワジーの支配かそれとも小市民的民主派の支配か、民主制かそれともプロレタリアの無政府か、議会共和制かそれともボナパルトか、ということを意味しただけではなかった。それと同時に、オルレアンかそれともブルボンか、ということを意味していたのだ！　こうして議会のまんなかに〔不和の女神〕エリスのリンゴが落ちてきた。そのリンゴをめぐって、秩序党を敵対する分派に分けていたさまざまな利害関心の反目が、誰の目にも明らかに燃え上がることになってしまった。秩序党は、異質な社会物質たちの化合物だった。憲法改正問題が政治の温度差を生じさせ、秩序党という生成物をふたたび元の成分に分解してしまったのだ。

憲法改正についてボナパルト派の利害関心は、単純なものだった。彼らにとってなにより も問題だったのは、第45条の廃止だった。ボナパルトの再選と彼の権力の任期延長を禁じている条項である。同様に単純なものに見えたのは、共和派の態度だった。共和派はどんな改正も無条件に拒否した。改正は共和制に対する全面的な陰謀である、と考えていたのだ。彼らは国民議会では4分の1以上の票を握っていたし、憲法によれば、法的に有効な改正決議と憲法改正議会の召集には投票数の4分の3が必要だったから、共和派が勝利を確信するためには、自分たちの票を数えるだけでよかった。そして共和派は勝利を確信していた。

このような明快な立場に対して秩序党は、解きほぐしようのない矛盾のなかにあった。憲法改正を拒否すれば、現状を危うくすることになった。ボナパルトにはたったひとつの逃げ道、つまり暴力という逃げ道しか残さないことになるからだ。1852年5月第2〔日曜日〕という決定の瞬間に、フランスでは大統領が権威を失い、議会はとっくの昔に権威をなくしており、民衆が権威をふたたび手に入れようと思って、フランスを革命の無秩序にさらすことになるからだ。秩序党は、自分たちが憲法の規定による改正に賛成の投票をすれば、[66 (078)] その投票が無意味になることはわかっていた。共和派が拒否権を行使して、憲法の規定により否決されるにちがいなかったからだ。憲法の規定に反して〔憲法改正には〕単純な多数決でよいと宣言すれば、秩序党は、革命をコントロールする希望をもつことができたが、ただしそれは、秩序党が執行権力の支配に無条件に屈した場合だけの話だ。そうなるとボナパルトを、憲法の主人、憲法改正の主人、秩序党の主人にすることになるだろう。たんなる部分的な改正は、大統領の権力を延命させ、帝政派の権力簒奪に道を開くだろう。全面的な改正は、共和国の寿命を縮め、王朝各派の要求の衝突を避けがたいものにするだろう。ブルボン派の王政復古の条件とオルレアン派の王政復古の条件は、異なっているだけでなく、おたがいに排除しあうものだったからだ。

議会共和制は、フランスのブルジョワジーの2分派、つまり正統王朝派とオルレアン派、大土地所有と産業が、同じ権利をもって同居しているニュートラルな地域というだけではなかった。それは、両者の共同支配に欠かせない条件であり、唯一の国家形態だった。そこでは、両者に共通する一般的な階級利害が、分派個別の要求を従わせると同時に、その他すべての社会階級をも従わせていた。王政派として両者は以前の対立に、つまり土地所有の優位か貨幣の優位か、という闘いに戻ったが、その対立の最高の表現、その対立の人格化が、彼らの王そのものであり、彼らの王朝だった。だから秩序党はブルボン家の召還に抵抗したのだ。

オルレアン派で民衆代表の代議士クルトンは、王族追放令の廃止を1849年、1850年、1851年と定期的に提案した。議会も、追放された自分たちの王たちの帰国の門をかたくなに閉ざす王政派会議という芝居を、同じく定期的にやってみせた。リチャード3世はヘンリー6世を殺害して、「この世で生きるにはあまりにも善良すぎる。天国へ行くべきだ」〔シェイクスピア〕と言った。王政派も、「フランスは王をふたたび擁するには邪悪すぎます」と宣言したのだ。状況の力に押されて王政派は共和派になってしまっていたので、自分たちの王をフランスから追放するという民衆の決議を、くり返し承認した。

憲法改正は――そしてそれは状況のせいで考えさせられたのだが――、共和制を疑わしいものにしたと同時に、ブルジョワ2分派の共同支配を疑わしいものにした。そして君主制の可能性の息を吹きかえさせたと同時に〔67 (079)〕、ブルジョワ2分派がかわりばんこに優先的に代表してきた利害関心のライバル関係、つまり2分派のどちらが優位かという闘い、の息をも吹きかえさせた。秩序党の外交家たちはその闘いを、両王朝の融合によって、王政両派および両王家のいわゆる合併によって、調停できると思っていた。しかし王政復古と7月王政の現実の合併は、議会共和制だった。議会共和制ではオルレアン色も正統王朝色も消されて、あれこれのブルジョワ種《しゅ》は、たんなるブルジョワ、つまりブルジョワ属《ぞく》のなかで消滅した。「今はしかし、オルレアン派が正統王朝派に、正統王朝派がオルレアン派になるべきなのです。両派の対立が人格化されている王位には、両派の統一を体現させるべきなのです。排他的な両派の利害関心の表現を、両派に共通する階級の利害関心の表現にするべきなのです。君主制には、2つの君主制の廃止、つまり共和制だけがなしとげることができ、なしとげてきたことを、なしとげさせるべきなのです」。これこそが、秩序党の博士たちが作るのに頭を痛めた賢者の石だった。あたかも、正統王朝の君主制がいつか産業ブルジョワの君主制になれるかのようだ。あるいは、市民の王位がいつか代々の土地貴族の王位になれるかのようだ。あたかも、土地所有と産業がただひとつの王冠のもとで兄弟になれるかのようだ。王冠は、兄の頭か弟の頭か、どちらかひとつの頭にしかかぶれなかったのに。あたかも、およそ産業は、土地所有がみずから産業になることを決心しないまま、土地所有と和解できるかのようだ。かりに明日〔正統王朝の〕アンリ5世が死んだとしても、だからといって〔オルレアン家の〕パリ伯は、オルレアン派の王であることをやめないかぎり、正統王朝派の王にはならないだろう。合併の哲学者たちは、〔正統王朝派の日刊紙〕『アサンブレ・ナシオナル』を公式の日刊機関紙にしていたのだが、改正問題が脚光を浴びるにつれて偉そうな顔をし、〔マルクスがこの原稿を書いている〕この瞬間（1852年2月）にさえ活動を再開しているのだが、合併の哲学者たちの説明によると、これらの困難のすべてはしかし、両王朝がかかえている抵抗感とライバル関係のせいなのだ。オルレアン家とアンリ5世を和解させようとする試みは、ルイ・フィリップの死後に始まったのだが、王朝の陰謀劇というものの例に漏れず国民議会の休会中、幕間に舞台裏で演じられるだけで、本気のビジネスというよりは、おなじみの迷信による感傷的な思わせぶり《コケトリー》にすぎなかった。その試みが今度は国事劇となり、これまでのような素人芝居の舞台ではなく、［68（080）］秩序党によって公の舞台で演じられたのである。急使がパリから〔アンリ5世のいる〕ヴェネツィアへ、ヴェネツィアから〔オルレアン家の居住地〕クレアモントへ、クレアモントからパリへ飛んだ。シャンボール伯〔＝アンリ5世〕は宣言を出して、「私の家族全員の助けを借りて」めざすのは「私の」王政復古ではなく、「国民の」王政復古であると知らせる。オルレアン派のサルヴァンディがアンリ5世の足もとに身を投げる。正統王朝派のボスたちであるベリエ、ブノワ・ダジ、サン・プリーストがクレアモントに向かい、オルレアン派を説得するが、うまくいかない。合併論者たちは気づくのが遅すぎた。ブルジョワ2分派の利害関心が、家族の利害関心すなわち両王家の利害関心というかたちで先鋭化する場合、ブルジョワ2分派の利害関心が、排他的でなくなるわけでも、妥協するようになるわけでもないのだ。もしもアンリ5世がパリ伯を後継者として認めたなら――これが、合併が最善の目標にできる唯一の成果だが――、オルレアン家は、アンリ5世に子どもがない場合にオルレアン家に保証されていた請求権を手にするだけで、オルレアン家が7月革命で獲得していた請求権をすべて失っていただろう。それは、オルレアン家が本来もっている請求権を断念することだった。つまり、オルレアン家がほぼ100年にわたる闘いで自分たちより古いブルボン家の傍系から奪い取ってきた称号のすべてを断念することだった。それは、オルレアン家の歴史的な優先権、近代的な王位の優先権を、オルレアン家の系譜の優先権と交換することだった。だから合併というのは、オルレアン家が自分の意思で退くこと、正統主義により王位をあきらめること、プロテスタント国教会からカトリック国教会へ悔い改めて戻ることにほかならなかった。それは、オルレアン家が失ってしまった「王座」へ戻ることですらなく、オルレアン家が生まれた「王座への階段」へ戻ることだった。ギゾー、デュシャテルらオルレアン派の元大臣たちも、クレアモントへ急いで合併を取り持とうとしたが、実際のところ彼らは、7月革命の二日酔い、市民の王位と市民の王政に対する絶望、無政府状態に対する最後の護符としての正統王朝への絶望、を代表していたにすぎない。自分たちはオルレアンとブルボンの仲介人だと思い込んでいたが、実際の彼らはオルレアン派の落ちこぼれにすぎなかった。〔ルイ・フィリップの息子〕ジョワンヴィル公は、彼らのことをそんな者として遇した。それとは逆に、オルレアン派で生活力があって好戦的な分子、ティエールやバーズたちは、「今すぐ君主制を復活させるには両王朝の合併がかならず前提になるわけですが、そのような合併にはオルレアン家の退位がかならず前提になるわけです。とするなら、それとは逆に、さしあたりは共和制を認めておき、〔69 (081)〕大統領の椅子を王座に変えてくれるような事件が起きるのを待っているほうが、先祖代々のオルレアン家の伝統にぴったり合うというものですよ」と言って、すんなりルイ・フィリップの家族を説得した。ジョワンヴィルの立候補の噂が広まり、世間の好奇心は宙吊りにされ、2、3ヵ月後、憲法改正が否決されてから、9月に立候補が正式に表明された。

オルレアン派と正統王朝派が両王家を合併させようとした試みは、こんなふうに失敗しただけではなかった。その試みは、両派の議会での合併、両派の共和主義的な共同形態を壊して、元の成分に分解してしまった。けれどもクレアモントとヴェネツィアとがますます疎遠になり、両者の和解がだめになり、ジョワンヴィルのアジテーションが広がるにつれて、ボナパルトの大臣フォシェと正統王朝派との交渉は、ますます熱をおび、真剣になった。

秩序党の解体は、元の要素に戻っただけではすまなかった。2大分派の両方が、さらにそれぞれ分解したのだ。あたかもそれは、以前、正統王朝派であれ、オルレアン派であれ、両派の輪のなかでひしめき合っていた昔のニュアンスのすべてが、ふたたび自分を主張しはじめたかのようだった。乾いた繊毛虫が水に触れ、まるで生命力をあらためて獲得して、独自のグループをつくり、独立して対立するようになったかのように。正統王朝派は昔を夢見て、〔ルイ18世が住んでいた〕テュイルリー宮殿と〔シャルル10世が住んでいた〕マルサン翼館《パビリオン》が争った問題、〔ルイ18世側の〕ヴィレールと〔シャルル10世側の〕ポリニャックが争った問題に戻った。オルレアン派は、ギゾー、モレ、ブロイー、ティエール、オディロン・バローが馬上試合《トーナメント》をやった黄金時代をあらためて経験した。

秩序党の一部は、憲法の改正はしたいが、改正範囲については意見が不一致だった。その顔ぶれは、一方にはベリエとファルーの正統王朝派グループと、他方にはラ・ロシュジャクランの正統王朝派グループと、それに闘いに疲れたモレ、ブロイー、モンタランベール、オディロン・バローのオルレアン派グループとで構成されていたが、彼らはボナパルト派の代議士たちと合意して、解釈に幅のある漠然とした以下のような提案をした。「ここに署名した代議士は、国民主権の完全な行使を国民に返すことを目的として、憲法改正の動議を出します」。しかしそれと同時に彼らは全員一致で、彼らの報告係であるトクヴィルを通して、声明を出した。「国民議会には、共和制廃止を提案する権利はありません。その権利が帰属しているのは憲法改正議会だけです。ちなみに憲法は〈合法的な〉やり方でしか改正することはできません。つまり、憲法が定めている投票数の［70（082）］4分の3が改正に賛成したときにだけ、改正できるのです」。嵐のような6日間の討論の後、7月19日、改正は、予想通り否決された。賛成４４６票、反対２７８票だった。断固たるオルレアン派のティエールやシャンガルニエなどは、共和派やモンターニュ派に同調して〈反対の〉投票をした。

議会の多数派は憲法に反対を表明したが、当の憲法のほうが少数派に賛成して、少数派の決定に拘束力があると表明した。しかし秩序党は、１８５０年5月31日には、また１８４９年6月13日には、憲法を議会の多数派に従わせたのではなかったか？ 秩序派のこれまでの政策はすべて、憲法の条項を議会多数派の決定に従わせるものではなかったか？ 秩序党は、旧約聖書風に法律の一字一句を盲信することは民主派にまかせ、そのことで民主派を懲らしめてきたのではなかったか？ だがこの瞬間には、憲法の改正とは大統領の権力の継続にほかならず、憲法の継続とは大統領の解任にほかならなかった。議会はボナパルトに賛成を表明していたが、憲法が議会に反対を表明した。だから、ボナパルトが憲法を引き裂けば、ボナパルトは議会の意向にそって行動したことになり、ボナパルトが議会を追い散らせば、ボナパルトは憲法の意向にそって行動したことになった。

議会は、憲法のことを、そして憲法とともに議会自身の支配のことを、「多数派の外」のことだと宣言していた。議会は、その決定により憲法を廃棄して大統領の権力を延長していた。と同時に、こう宣言していた。「われわれのこの議会が存続しているかぎり、憲法が死ぬことも、大統領の権力が生きていることも、ありえません」。だが議会を埋葬するように言われた者たちは、もうドアの前に立っていた。議会が憲法改正を討論しているあいだに、ボナパルトは、煮えきらない態度のバラゲ・ディリエ将軍を第1師団の指揮から外し、その後任に、リヨンの〔武装蜂起を制圧した〕勝利者で、後の〔クーデタ〕12月事件で英雄となるマニャン将軍を任命した。ボナパルトの腹心のひとりで、すでにルイ・フィリップ時代にはブーローニュ遠征のとき、ボナパルトのために多少とも働いて信用を落としていた。

憲法改正について秩序党の決定によって証明されたことがある。秩序党は支配することも、服従することもできなかった。生きることも、死ぬこともできなかった。共和制に耐えることも、共和制をひっくり返すこともできなかった。憲法をきちんと維持することも、ご破算にすることもできなかった。大統領と協力することも、決裂することもできなかった。いったい誰に、［71（083）］秩序党はすべての矛盾の解決を期待したのか？　カレンダーに、事態のなりゆきに、だ。事態に対して暴力をふり回すことをやめたのである。つまり秩序党は、自分たちに暴力をふるうように、事態を挑発し、同時に権力を挑発したのである。民衆と闘っているあいだに秩序党は属性をつぎつぎに権力に割譲してしまい、ついに権力に対して無力になっていたのだ。執行権力のボスがますますスムーズに秩序党に対する闘いのプランを練り、攻撃手段を強化し、道具を選び、足場を固めることができるようにと、秩序党は、この決定的な瞬間のさなかに舞台から退場して、8月10日から11月4日までの3ヵ月を休会にすることを決めた。

この議会政党は、2つの大きな分派に解体しただけではなく、その分派のそれぞれがそれ自身の内部で解体していただけでもなかった。議会内の秩序党は議会外の秩序党とも分裂していたのだ。ブルジョワジーの代弁者やブルジョワジーの律法学者、ブルジョワジーの演壇やブルジョワジーの新聞、要するにブルジョワジーのイデオローグたちとブルジョワジーそのものが、代表する者と代表される者が、おたがいに疎遠となって理解しあわなくなった。

地方の正統王朝派は、その視野が限られ、その熱狂には限りがなかった。彼らは自分たちの議会の指導者であるベリエとファルーを、ボナパルト陣営への脱走とアンリ5世からの離反ゆえに懲らしめた。〔ブルボン家の紋章である〕白百合のような彼らの理解力は、人類の堕罪を信じたが、外交術というものを信じなかった。

それとは比較にならないほど決定的で命取りになったのは、商業ブルジョワジーがその政治家たちと決裂したことだった。正統王朝派の支持者は自分たちの政治家を、原則から離反したことで非難したが、商業ブルジョワジーは逆にその政治家を、役に立たなくなった原則にしがみついていることで非難した。

すでに前にほのめかしておいたが、フルドの入閣以来、商業ブルジョワジーのうちルイ・フィリップ支配からライオンのようにごっそり分け前にあずかっていた勢力、つまり金融貴族が、ボナパルト派になっていたのだ。フルドは証券取引所でボナパルトの利害関心を代表していただけでなく、同時にボナパルトのところでは証券取引所の利害関心を代表していた。金融貴族の立場をもっとも的確に描いているのが、金融貴族のヨーロッパの機関紙、ロンドンの『エコノミスト』紙からの引用である。１８５１年２月１日号にパリ発の記事がこう書かれている。「さてあらゆる面から確認したことだが、フランスはなによりも平穏を求めている。[72（084）] 大統領はそれを立法国民議会あての教書で表明している。それを国民の演壇がこだまで返している。それを新聞が断言している。それを教会の説教壇が告知している。それを、執行権力の勝利のたびに示される国債の手堅さが証明している。乱調の見込みがほんのわずかでもあれば、国債は敏感に反応するのだが」。

１８５１年11月29日号の『エコノミスト』紙が社説で説明している。「ヨーロッパ中のすべての証券取引所では、大統領が今や秩序の歩哨として認められている」。だから金融貴族は、秩序党と執行権力の議会での闘いを、秩序を乱すものとして非難した。そして金融貴族を代表していると自称する者〔＝代議士〕に対する大統領の勝利を、どれも秩序の勝利としてたたえた。ここで金融貴族のことを、たんに国債の大口の債権者や投機者のことだけだと理解してはならない。彼らの利害関心が国家権力の利害関心と一致していることは、すぐにわかる。現代の貨幣業全体、銀行経済全体が、公信用ときわめて密接にからまりあっている。銀行の営業資本の一部は必然的に、すぐに兌換できる国債に投資されて、利子を生む。銀行の預金は、銀行の裁量に任されており、銀行が商人や工業家に分配する資本だが、その大部分は、国債金利生活者の配当金から流れてくる。金融市場全体、そして金融市場の司祭たちにとっては、どの時代でも国家権力の安定が現金《モーセと預言者たち》を意味してきた。今日では、いつ大洪水になっても、それまでの国家もろともそれまでの国債がそっくり洗い流されかねないわけだから、ますますそうなっているのではないか？

工業ブルジョワジーもまた、秩序を狂信していたので、議会秩序党と執行権力の口喧嘩に腹を立てていた。ティエール、アングル、サント・ブーヴなどは、シャンガルニエ解任事件のときの1月18日の投票後、まさに工業地帯に住む自分たちの選挙人から公然と叱責された。とくに彼らがモンターニュ派と連合したことは、秩序に対する大逆罪として糾弾された。大統領に対する秩序党の闘いは、大言壮語のからかいやケチくさい陰謀がその特徴だが、すでに見てきたように、そういった特徴をわざわざ取り上げるには値しなかった。その一方でこのブルジョワ党は、自分たちの代表に、軍事権力を自分たちの議会の手から山師のような王位請求者〔ボナパルト〕の手へ［73（085）］無抵抗に移行させろと要求するのだから、陰謀の名にすら値しなかった。陰謀は彼らの利害関心のなかで浪費された〔だけだった〕。ブルジョワ党が証明したのは、自分たちの公的な利害、自分たちに固有の階級利害、自分たちの政治権力を主張して闘っても、私的な商売の邪魔になるだけで、自分たちにとっては迷惑で不快なものにすぎないということだった。

　ボナパルトはどの地方へ巡行しても、県庁所在地のブルジョワ名士たちや、市長や助役たちや、商事裁判官たちなどなどから、ほとんど例外なしに、追従たらたらの態度で迎えられた。ディジョンのときのように、たとえボナパルトが国民議会を、そしてとくに秩序党を遠慮なく攻撃したときでさえ、そうだった。

　1851年の初めはまだそうだったが、商業の調子がよかったとき、商業ブルジョワジーは、商業の上機嫌が消えては困るので、どんな議会闘争にも怒り狂った。1851年2月の終わりからずっとそうだが、商業の調子が悪くなってからは、議会闘争が不況の原因だと非難し、「商業が上向きになるために、議会闘争なんかやめろ」と怒鳴っていた。憲法改正の討論は、まさにこの不況の時代に行われていた。ここでは現存の国家形態の存続が問題だったので、ますますブルジョワジーとしては、自分たちの代表〔＝代議士〕に対して、拷問のようなこの暫定状態を終わらせると同時に現状維持を要求することが、当然だと感じられた。そこには矛盾はなかった。暫定状態の終結とは、まさに暫定状態の継続のことである、つまり、決定せざるをえない瞬間を蒼穹《そうきゅう》のかなたまで押しやることだと理解していたのだ。現状を維持する方法は2つしかなかった。ボナパルトの権力の延長か、または、憲法の規定どおりボナパルトの退位とカヴェニャックの選出か。ブルジョワジーの一部は、解決策として後者を望んだ。そして自分たちの代表〔＝代議士〕には、焦眉の論点には触れずに黙っているように、と忠告することしかできなかった。「われわれの代表〔＝代議士〕がしゃべらなければ、ボナパルトは動かないだろう」と考えたのである。姿を見られないでいるために頭を隠すダチョウのような議会を望んだのだ。ブルジョワジーの別の一部は、すべてがこれまでのレールから逸脱しないように、ボナパルトを大統領の椅子にすわらせておきたいと望んだ。すでにボナパルトは大統領の椅子にすわっているのだから。ブルジョワジーを怒らせたのは、彼らの議会が、公然と憲法を破ってさっさと辞職する、ということをしなかったからだ。

各地の県会は、大ブルジョワジーの地方の代理店なのだが〔74（086）〕、国民議会休会中の8月25日から開会され、ほとんど満場一致で、憲法改正への支持を、つまり議会への不支持とボナパルトへの支持を表明した。

ブルジョワジーは、自分たちの議会代表〔＝代議士〕との分裂を表明したときよりももっとはっきり、自分たちの文筆代理人、自分たちの新聞に対する怒りを表明した。ブルジョワ派のジャーナリストがボナパルトの権力簒奪欲を攻撃しても、また新聞が執行権力に対してブルジョワジーの政治権力を守ろうとしても、かならずブルジョワ派の陪審員が有罪の判決をして、工面できない額の罰金刑や恥知らずな禁固刑を科したのだが、それにはフランスだけでなく、全ヨーロッパが驚いた。

議会の秩序党は、すでに示したように、平穏を求めて叫んだため、自分たち自身を平穏にさせなければならなかった。また他の社会階級との闘いにおいて、自分たち自身のレジーム、つまり議会レジームの全条件を自分たちの手で壊すことによって、議会の秩序党は、ブルジョワジーの政治支配がブルジョワジーの安全および存続とは両立しないことを明らかにした。それに対抗して議会外のブルジョワジーの大衆は、大統領には奴隷のように屈従し、議会には悪口雑言を投げつけ、自分たちの新聞を残酷に虐待することによって、ボナパルトをそそのかして、自分たちの口とペンを、自分たちの政治家と文筆家を、自分たちの演壇と新聞を抑えつけて壊滅させた。強くて無制限の政府に保護してもらって、安心して自分たちの私的な商売にはげむことができるように、というわけだ。疑いようもなく彼らは、支配することの苦労と危なさから逃れるために、自分たちが政治を支配することから逃れたくてたまらないということを明らかにしたのだ。

そして議会外のブルジョワジーの大衆はすでに、自分たちの階級が支配するために議会人や文筆家が闘ったというだけで憤慨して、その闘いの指導者を裏切っていたのだが、その彼らが今ごろになって、あえてプロレタリアートを非難しているのだ。「プロレタリアートはブルジョワジーのために流血の闘い、生死を賭けた闘いに立ち上がってくれなかったではないか！」と。彼らはどんな瞬間でも、自分たちの一般的な階級利害を、つまり自分たちの政治的な利害を、なんとも偏狭で、なんともきたならしい私的な利害の犠牲にし、自分たちの代理人にも似たような犠牲を無理強いしたのだが、その彼らが今では、「プロレタリアートはプロレタリアートの物質的利害のために、ブルジョワジーの理想とする政治的利害を犠牲にしたのだ」と嘆いている。ブルジョワジーは「私たちは、社会主義者にミスリードされたプロレタリアートに誤解されて〔75（087）〕、決定的な瞬間に見捨てられたのです」と、美しい魂のふりをしている。そうやって市民の世界ではみんなから共鳴されている。もちろんここで私が言っているのは、ドイツの田舎政治家や無節操な連中のことではない。たとえば、あの『エコノミスト』紙のことを言っているのだ。１８５１年11月29日というと、クーデタの4日前にあたるが、まだそのときにも『エコノミスト』紙は、ボナパルトは「秩序の歩哨」だが、ティエールやベリエは「無政府主義者」だと説明しておきながら、１８５１年12月27日にはもう、ボナパルトがその無政府主義者たちを静かにさせてしまってからは、「〈無知で、無教養で、愚かなプロレタリア大衆が、中流や上流の社会身分に見られる器用、知識、規律、模範精神、知的資産、道徳重視を〉裏切ったのだ」と叫んでいる。無知で、無教養で、愚かな大衆というのは、ほかでもないブルジョワ大衆のほうだった。

たしかに１８５１年にフランスは、ちょっとした商業危機のようなものを経験していた。2月末には１８５０年と比較して輸出の減少が明らかになった。3月には商業が落ち込み、工場が閉鎖した。4月には各地の工業県の状態が、2月事件後と同じくらい絶望的に見えた。5月には商いがまだ回復していなかった。6月28日にはフランス銀行の有価証券現在高が、預金のものすごい増加と手形前貸しのものすごい減少によって、生産の停止を示していた。ようやく10月半ばになって商いが好転しはじめた。この商業の停滞をフランスのブルジョワジーは、ひたすら政治のせいだと説明した。議会と執行権力が闘っているから、暫定でしかない国家形態が不安定だから、1852年5月第2〔日曜日〕への見通しが恐ろしいものだから。私としては、これらの事情すべてがパリや各地の県で2、3の工業分野を圧迫したことを否定するつもりはない。しかしいずれにしても、それらの政治的事情の影響は、局地的で取るに足りないものにすぎなかった。商業が好転しはじめたのが、ちょうど政治の状況が悪化して、政治の地平線が暗くなり、今にもエリゼ宮から稲妻が走るかと思われた瞬間、つまり10月半ば頃だったということ以外に、その証拠が必要だろうか？　フランスのブルジョワの「器用、知識、洞察力、知的資産」は自分の鼻の先までしか届かないのだが、ちなみに〔1851年5月から10月までの〕ロンドン〔万国〕産業博覧会のあいだにフランスのブルジョワは、自国の商業の悲惨さの原因に鼻をぶつけることができた。フランスで工場が閉鎖されているあいだに［76（088）］、イギリスでは商業の破綻が始まった。フランスで4月と5月に工業パニックが頂点に達しているあいだに、イギリスでは4月と5月に商業パニックが頂点に達した。フランスの羊毛産業と同様に〔イギリスの〕羊毛産業が苦しみ、フランスの絹マニュファクチュアと同様にイギリスの絹マニュファクチュアが苦しんだ。イギリスの木綿工場は操業をつづけたが、もはや1849年や1850年と同じような利益はあげなかった。違いは以下のような違いにすぎなかった。フランスの危機は工業であり、イギリスの危機は商業だったこと。フランスでは工場は操業を停止したのに、イギリスでは工場は拡大されたけれど、条件が以前の年より不利だったこと。フランスでは主要な打撃が輸出だったが、イギリスでは輸入だったこと。共通の原因は、もちろんフランス政治の地平線の境界の内側に求めることはできないが、明らかだった。1849年と1850年は、最大の物質的繁栄の年であり、過剰生産の年だった。過剰生産であることが判明したのは、1851年になってからのことだが。過剰生産は、1851年初めに産業博覧会を見越してさらに特別に促進された。そのうえ以下のような特殊な事情が加わった。まず1850年と1851年の綿花収穫がふるわず、それから綿花収穫の予想以上の増加が確実に見込まれた。つまり、まず綿花価格が上昇し、それから下落した。要するに綿花価格の変動である。生糸の収穫は、少なくともフランスではまだ平均収穫高を下回っていた。最後に羊毛マニュファクチュアは、1848年以来きわめて拡大していたので、羊毛生産が羊毛マニュファクチュアに追いつくことができず、原毛の価格が羊毛製品の価格に対してじつに不釣り合いに高くなっていた。ここにわれわれは、こうして世界市場の3つの工業の原材料のなかに、商業不振の3重の材料を見ているわけである。このような特別の事情を別にすると、1851年の見かけの危機は、過剰生産と過剰投機が工業循環のときに毎回見せる小休止にほかならなかった。小休止をしてから過剰生産と過剰投機は最後の力をかき集めて、熱に浮かされたように循環の最後のひとこまを駆け抜け、自分たちの出発点、つまり全面的な商業危機にふたたびたどり着くのである。商業史のそんな幕間でイギリスでは商業が破綻しはじめるのだが、フランスでは工業そのものが停止する。それは一部は、まさに当時、すべての市場でイギリス人との競争に耐えられなくなって後退を余儀なくされたからであり、また一部は、贅沢品工業であるためにどんな業種の不況でもまっ先に打撃を受けたからである。こうしてフランスは[77 (089)] 一般の危機だけでなく、自国の商業危機も経験する。しかし自国の商業危機を規定し制約するのは、フランスというローカルな影響よりは、はるかに世界市場の一般的な状況のほうなのだが。フランスのブルジョワの偏見にイギリスのブルジョワの判断を対置させてみるのも、一興だろう。リヴァプール最大の商社のひとつが、１８５１年度の年次営業報告でこう書いている。「まさに今年度ほど、年頭の予想を裏切った年はあまりない。すばらしい繁栄を全員一致で期待していたが、この4半世紀でもっとも失望すべき1年であることが判明した。もちろんこれは商人の階級にあてはまることであって、工業の階級にはあてはまらない。しかしながら年頭には、たしかに逆の予想をするだけの根拠があった。製品の在庫は乏しく、資本はあり余っており、食料品は安く、実り豊かな秋が確実だった。大陸では平和がつづき、国内では政治にも財政にも障害はなかった。実際、商業の翼にこれほど束縛がなかったことはなかった……。この不都合な結果は誰のせいなのか？　輸入ならびに輸出における過剰取引のせいである、とわれわれは考えている。わが国の商人が自分で自分の活動にもっと厳しい制限を加えなければ、われわれの脱線をくい止めることができるのは、3年に1度のパニックしかない」。

さてここでフランス人のブルジョワを思い浮かべてもらいたい。この商いパニックの最中に、商業病の彼の脳を責めさいなみ、まわりをブンブン飛びまわって、脳を麻痺させているものがある。それは、クーデタと普通選挙権復活の噂であり、議会と執行権力の闘いであり、オルレアン派と正統王朝派のフロンド戦争であり、南フランスでの共産主義者の陰謀であり、ニエーヴル県とシェール県でのいわゆる農民一揆《ジャクリー》であり、さまざまな大統領候補の大言壮語であり、大道商人のように叫んでジャーナリズムが並べてみせる解決策であり、「武器を手に憲法と普通選挙権を守るつもりだ」と脅迫する共和派であり、「１８５２年5月第２〔日曜日〕には世界が没落するぞ」と告げる異国に亡命した英雄たち〔たとえばスイスに亡命した小市民的民主派〕の福音である。こんな具合に、合併が、改正が、任期延長が、憲法が、陰謀が、連合が、亡命が、権力簒奪が、革命が騒々しく入り混じって、言いようのない混乱をきたしているときに、そのフランス人のブルジョワが議会共和制にむかって、鼻を鳴らしながら狂ったように、こう叫ぶのも無理はない。「終わりのない恐怖より、恐怖のある終わりのほうが、まだましだ！」

ボナパルトはその叫びを理解した。彼の理解力が〔78 (090)〕鋭くなったのは、債権者たちがふくれあがって怪物になったからだ。日が沈むたびに１８５２年5月第２〔日曜日〕の満期日が近づいてくる。それを見て債権者たちは、星の運行が自分たちの手形の支払いを拒絶しているのだと思った。債権者たちは真の占星術師になっていた。国民議会はボナパルトから、彼の権力を憲法に従って延長する望みを奪っていた。ジョワンヴィル公の立候補により、それ以上ためらっているわけにはいかなかった。

事件は、起きるずっと前からその影を投げかけていた。そんな事件があったとすれば、それがボナパルトのクーデタだった。1849年1月29日、大統領に選ばれてまだ1ヵ月もたたないうちに、シャンガルニエにクーデタの提案をしていた。ボナパルトが首相にしたオディロン・バローは1849年夏、そのクーデタ政略をベールに包んで告発していた。ティエールは1850年冬、公然とそれを告発していた。〔ボナパルトの腹心〕ペルシニーは1851年5月にもう一度シャンガルニエにクーデタへの協力を要請し、〔反ボナパルト派の〕『議会の使者《メサジエ・ド・ラサンブレ》』紙がその会談を記事にしていた。ボナパルト派の新聞は、議会が嵐に見舞われるたびに、クーデタになるぞと脅かした。危機が近くなればなるほど、新聞はやかましい口調になった。ボナパルトは毎晩、紳士淑女を気取ったごろつき連中《スウエル・モブ》と乱痴気パーティーをやっていた。真夜中が近づき、たっぷり飲んだ献酒のせいで、舌がゆるみ空想に火がつくと、いつも、「明日の朝はクーデタだ」という決議になった。剣が抜かれ、乾杯のグラスがかちんと鳴り、代議士たちが窓から飛び出した。ようやく翌朝になって幽霊が追い払われ、驚いたパリの街は、あまり無愛想ではない〔古代ローマの女神〕ウェスタの処女たちや口軽の騎士たちから、パリがまたもや危険を免れたことを聞かされた。9月と10月にはクーデタの噂でもちきりだった。同時にクーデタの影は、ダゲレオタイプの着色写真のように色を帯びてきた。ヨーロッパの日刊紙を置いてある機関へ行って、9月分と10月分の合冊を繰ってみるといい。文字通り次のような当てこすりが見つかるだろう。「クーデタの噂でパリはもちきりである。首都は夜のあいだに軍隊でいっぱいになるという。そして次の日の朝には布告が出され、国民議会を解散し、〔パリのある〕セーヌ県に戒厳令を敷き、普通選挙権を復活し、民衆に呼びかけるという。ボナパルトは、この非合法な布告を実行するため大臣たちを探しているそうだ」。この報告をしている通信は、[79 (091)] いつも宿命のように「延期された」で終わっている。クーデタはいつもボナパルトの固定観念だった。この観念をもってボナパルトはフランスの土をふたたび踏んだのだった。この観念にひどく取り憑かれていたので、彼はしょっちゅうこの観念を漏らし、口にしていた。彼はひどく弱い人間だったので、同様にしょっちゅうこの観念を捨てていた。クーデタの影は、パリっ子たちには幽霊としてひどく親近感のある存在になっていたので、その影がついに血と肉をそなえた姿で登場したとき、パリっ子たちはそれを本物だと信じようとはしなかった。だから、クーデタが成功したのは、12月10日会のボスが口をつぐんで自制したからでもなければ、国民議会が何も知らないまま不意打ちをくらったからでもない。クーデタが成功したのは、ボナパルトの口が軽かったにもかかわらず、国民議会が前もって知っていたにもかかわらず、成功したのである。それは、クーデタに先行した展開の、必然的で不可避な結果だった。

10月10日、ボナパルトは自分の大臣たちに、普通選挙法を復活させるつもりであるという決心を告げた。16日、大臣たちが辞表を出した。26日、パリはトリニ内閣の成立を聞かされた。それと同時に警視総監がカルリエからモーパに替えられ、第1師団長のマニャンが、もっとも信頼できる連隊を首都に集めた。11月4日、国民議会が再開した。国民議会のやることといえば、既習の課程を要領よく手短に復習しながらくり返すことと、死んでからでないと葬ってもらえないということを証明することでしかなかった。

国民議会が執行権力との闘いで失った最初のポストは、内閣だった。国民議会は、たんなる見せかけの内閣であるトリニ内閣を、一人前の内閣として受け入れることによって、その喪失を厳かに白状するしかなかった。ジロー氏が新内閣の代表として登場したとき、常任委員会は大笑いしながら歓迎した。普通選挙法の復活のような強力な措置のために、こんなに非力な内閣とは！　まさに問題は、議会では何もせず、すべてを議会に対抗して実行することだった。

再開した初日にすぐ国民議会は、教書をボナパルトから受け取った。普通選挙権の復活と、１８５０年5月31日の〔制限選挙〕法の廃止を要求する内容だった。ボナパルトの大臣たちが、その日のうちに同じ内容の法案を提出した。議会は大臣たちの動議をただちに否決し、法案そのものも11月13日に３５５票対３４８票で〔80（092）〕否決した。こうやって議会は、国民から受けている委任をまたしても破った。自分たちが民衆から自由に選ばれた代表ではなく、権力を簒奪した階級の議会に変身していることを、議会がまたしても確証した。頭である議会と胴体である国民を結びつけている筋肉を、議会が自分たちの手でまっぷたつに切ってしまったことを、議会はまたしても告白したのだ。

執行権力は普通選挙法復活の動議によって、訴える相手を議会から民衆に転じたが、立法権力は監査委員法案によって、訴える相手を民衆から軍隊に転じた。この監査委員法案で、議会が軍隊を直接徴用する権利、議会軍をつくる権利を確立するはずだった。こうして議会が軍隊を、自分たちと民衆のあいだの、自分たちとボナパルトのあいだのレフェリーに任命したなら、議会が軍隊を決定的な国家権力として承認したなら、他方では議会は、自分たちはとっくの昔に軍隊に対する支配を主張する権利を捨てていた、ということを確認せざるをえなかった。議会は、軍隊をただちに徴用するかわりに、徴用権について討議することによって、自分たちが自分たちの権利を疑っていることを暴露した。議会は、監査委員法案を否決することによって、自分たちの無力をみんなの前で白状した。その法案は108票差で否決された。モンターニュ派のせいでそういう票差になったのだ。議会はビュリダンのロバの状況だった。2袋の干し草のうち、どちらがうまそうか、決めなければならない、というわけではなかったが、2組のこん棒のうち、どちらが痛そうか、決めなければならなかったのだ。一方にはシャンガルニエに対する恐怖があり、他方にはボナパルトに対する恐怖があった。英雄ならこんな状況には陥らなかった、と認めるしかない。

11月18日、秩序党の提出した市町村選挙法案に対して修正動議が出された。市町村選挙人の居住期間は3年ではなく1年でよい、というものだ。その修正動議はたったの1票差で通らなかったが、その1票はすぐに間違いだと判明した。秩序党は、敵対する分派に分裂していたので、とっくの昔に議会での単独過半数ではなくなっていた。今や秩序党は、議会にはそもそも多数派がもはや存在しないということを示したのだ。国民議会は議決ができなくなっていた。その原子論的な構成要素は、もはやどんな凝集力によってもつながっていなかった。息を引き取っていた。死んでいたのだ。

最後に、議会外のブルジョワジーの大衆は、議会内ブルジョワジーとの決裂を［81（093）］、破局の2、3日前になってもう一度、厳かに確認させられることになった。ティエールは、議会の英雄としてとくに議会クレチン病という不治の病にかかっていたので、議会の死後、国務院といっしょになって議会での陰謀を新しくひねり出していた。大統領を憲法の枠内に呪縛しておく責任法である。ボナパルトは、9月15日にはパリの新しい市場ホールの定礎式で、〔17世紀の漁師にして果物商で、ナポリの民衆蜂起の指導者〕マザニエロの2世として、中央市場《ダム・デ・ザル》のご婦人方、つまり魚売りの女たちを夢中にさせた。――ただし魚売りの女の実力は1人で城主17人に匹敵したのだが――。また、監査委員法案の提出後には、エリゼ宮でご馳走した中尉たちを熱狂させた。それと同じように、今度は11月25日には、ロンドンの産業博覧会の受賞メダルを手渡すために、工業ブルジョワジーを円形競技場に集めて彼らの心を奪ったのだ。彼の演説の特徴をあらわしている部分を『ジュルナル・デ・デバ』紙から紹介しよう。「このような思いがけない成功のおかげで、私にはくり返して言う権利があります。もしもフランス共和国が、一方ではデマゴーグたちによって、他方では君主制の幻覚によって、たえず邪魔されることもなく、自分たちの現実の利益を追求し、自分たちの制度を改革することが許されるものなら、フランス共和国はどんなに偉大になることでしょう。(円形劇場のあらゆる部分から、嵐のように大きな拍手がくり返される。)君主制の幻覚が、あらゆる進歩を妨げ、本気になっているあらゆる工業部門を妨げています。進歩のかわりにあるのは、闘いだけ。こんな男たちがいます。以前は国王の権威と優先権をもっとも熱烈に支持していたのに、今はただ、普通選挙権から生まれた権威を弱めるためにだけ、国民公会の仲間になっているのです。(大きな拍手がくり返される。)こんな男たちがいます。これまでは革命にもっとも苦しめられ、革命をもっとも嘆いていたのに、今は新しい革命を挑発しているのです。それもただ、国民の意思を束縛するためにだけ。……私は平穏を将来にわたって約束します。など、など。(ブラーヴォ、ブラーヴォ、嵐のようなブラーヴォ)」。——こうして工業ブルジョワジーは、12月2日のクーデタに、議会の壊滅に、自分たち自身の支配の落日に、ボナパルトの独裁に対して、卑屈なブラーヴォを送ったのである。11月25日の拍手のとどろきに対する返答は、〔クーデタ反対派の蜂起をボナパルト派の軍隊が鎮圧した」12月4日の大砲のとどろきだった。そして、もっとも多くのブラーヴォを発射したサランドルーズ氏の家は、もっとも多く発射された爆弾でボコボコにされた。

クロムウェルが長期議会〔1640〜53年〕を解散したとき、彼はたったひとりで議会の［82（094）］真ん中に入っていき、「私の定めた期限を超えて1分たりとも議会が存続してはなりません」と時計を取り出して、ユーモアのある快活な悪口で議会のメンバーをひとりずつ追い払った。ナポレオンは、彼のお手本よりも柄は小さかったが、ブリュメール18日にはともかく立法府に入っていき、沈んだ声ではあったが立法府に対してその死刑宣告を読み上げた。第2のボナパルトは、ちなみにクロムウェルやナポレオンとはまったくちがい、さしあたりの執行権力を握っていただけなので、自分のお手本を世界史の年代記ではなく、12月10日会の年代記、つまり刑事裁判権行使の年代記に求めた。彼はフランス銀行から2500万フランを盗み出し、マニャン将軍を100万フランで、兵士を1人あたり15フランと蒸留酒で買収し、泥棒のように夜こっそり相棒たちと会合をし、もっとも危険な議会の指導者たちの家に押し入らせ、カヴェニャック、ラモリシエール、ルフロ、シャンガルニエ、シャラス、ティエール、バーズらを彼らのベッドから拉致させ、パリの要所要所を、それに議事堂を軍隊に占拠させ、朝早く壁という壁に誇大広告のようなポスターを貼らせた。そこには国民議会と国務院の解散、普通選挙権の復活、セーヌ県への戒厳令布告が告げられていた。それから彼はそのすぐ後、『モニトゥール』紙に偽文書を載せた。それによると、有力な議会人たちが彼を中心に集まって国家諮問会議をつくったことになっていた。

第10区の区役所に集まった〔少人数の議員しかいない〕残存議会は、正統王朝派とオルレアン派が主要メンバーだったが、「共和国万歳」とくり返し叫びながら、ボナパルト罷免を決議し、建物の前でポカンと口をあけてながめている大衆にむかって長々とむなしい演説をし、結局はアフリカ狙撃兵に護送されて、まずオルセーの兵営に連行され、その後は囚人馬車に詰め込まれて、マザス、アン、ヴァンセンヌの監獄へ搬送された。こうして秩序党が、立法議会が、2月革命が終わった。最後へ急ぐ前に、これらの歴史を手短に概観しておこう。

I　第1期。１８４８年2月24日から5月4日まで。2月の時期。プロローグ。友愛の妄想に社会全体が包まれる。

II　第2期。共和制の制定と憲法制定国民議会の時期。[83 (095)]

（1）１８４８年5月4日から6月25日まで。プロレタリアートに対して他のすべての階級が闘う。6月事件でプロレタリアートが敗北。

（2）１８４８年6月25日から12月10日まで。純粋ブルジョワ共和派の独裁。憲法の起草。パリに戒厳令。ブルジョワの独裁は、12月10日にボナパルトの大統領選出により消える。

（3）１８４８年12月20日から１８４９年５月28日まで。憲法制定議会が、ボナパルトおよびこれと連合した秩序党と闘う。憲法制定議会の没落。共和派ブルジョワジーの凋落。

Ⅲ　第3期。立憲共和制と立法国民議会の時期。

（1）１８４９年５月29日〔正しくは28日〕から１８４９年６月13日まで。小市民が、ブルジョワジーおよびボナパルトと闘う。小市民的民主派の敗北。

（2）１８４９年６月13日から１８５０年５月31日まで。秩序党が議会で独裁。秩序党は、自分たちの支配を普通選挙法廃止によって完成するが、議会内閣を失う。

（3）１８５０年５月31日から１８５１年12月２日まで。議会ブルジョワジーとボナパルトの闘い。

（a）１８５０年５月31日から１８５１年１月12日まで。議会が軍隊に対する最高指揮権を失う。

（b）１８５１年１月12日から４月11日まで。議会は行政権力を奪還しようとしたが敗北。秩序党が議会での単独過半数を失う。秩序党は、共和派およびモンターニュ派と連合する。

（c）１８５１年４月11日から１８５１年10月９日まで。〔憲法〕改正の試み、〔両王家〕合併の試み、〔大統領任期〕延長の試み。秩序党が解体して分派。ブルジョワ議会およびブルジョワ新聞とブルジョワ大衆との決裂が、修復不能に。

[84 (096)]

(d) 1851年10月9日から12月2日まで。議会と執行権力の決裂が誰の目にも明らかになる。議会は、自分たちの臨終の儀式を終えて、自分たちの階級から、軍隊から、その他すべての階級から見捨てられ、敗北する。議会レジームおよびブルジョワ支配の没落。ボナパルトの勝利。帝政復古のパロディー。

## VII

社会共和制が、決まり文句《フレーズ》として、予言として、2月革命の舞台袖に姿を見せた。1848年の6月革命で社会共和制はパリのプロレタリアートの血の海のなかで窒息させられたが、このドラマのその後の各幕では幽霊となって出没する。民主共和制が名乗り出る。民主共和制は、1849年6月13日〔事件で〕、蹴散らされたその小市民たちとともにはかなく消えるのだが、逃げながら、二重に広げた大風呂敷を残していく。議会共和制がブルジョワジーとともに舞台を独占して、わが世の春を謳歌するのだが、1851年12月2日〔のクーデタ〕が、連合王政派の「共和国万歳！」という悲鳴とともに議会共和制を埋葬する。フランスのブルジョワジーは、労働者プロレタリアートの支配に抵抗し、ルンペンプロレタリアートに支配させた。その先頭に12月10日会のボスを立てて。ブルジョワジーは、赤い無政府《アナーキー》という未来の恐怖を言い立てて、フランスを息詰まるような不安に陥れた。ボナパルトがブルジョワジーから、その恐怖の未来を割引で買った。つまりボナパルトは12月4日、蒸留酒で酔っ払って興奮した秩序の軍隊に、モンマルトル大通りやイタリアン大通りに住むお上品な市民たちを窓から射殺させたのだ。ブルジョワジーはサーベルを神格化したが、サーベルがブルジョワジーを支配する。ブルジョワジーは革命派の新聞をつぶしたが、ブルジョワジーの新聞がつぶされている。ブルジョワジーは民衆の集会を警察に監視させたが、ブルジョワジーのサロンが警察に監視されている。ブルジョワジーは民主派の国民衛兵隊を解散したが、ブルジョワジー自身の国民衛兵隊が解散している。ブルジョワジーは戒厳令をしいたが、ブルジョワジーの頭上に戒厳令がしかれている。ブルジョワジーは陪審員を軍事委員会によって追い払ったが、ブルジョワジーの陪審員が軍事委員会によって〔85（097）〕追い払われている。ブルジョワジーは民衆を坊主たちに教育させたが、坊主たちのほうがブルジョワジーを教育している。ブルジョワジーは判決なしに流刑にしたが、ブルジョワジーが判決なしに流刑にされる。ブルジョワジーは社会のあらゆる動きを国家権力によって抑圧したが、ブルジョワジー社会のあらゆる動きが国家権力によって圧殺される。ブルジョワジーは自分たちの財布に熱狂して、自分たちの政治家や文士に苛立った。その政治家や文士はお払い箱になったが、政治家の口に猿ぐつわがはめられ、文士のペンが折られてからは、ブルジョワジーの財布が略奪されている。ブルジョワジーは、聖アルセニウスがキリスト教徒に呼びかけたように、革命に飽きもせず「逃げるのです、黙ってなさい、静かに！」と呼びかけた。ボナパルトはブルジョワジーに「逃げるんだ、黙ってろ、静かに！」と呼びかけている。

「50年以内にヨーロッパは共和制かコサックになるだろう」というナポレオンのジレンマを、フランスのブルジョワジーはとっくの昔に解決していた。「コサック共和制」というかたちで解決していたのだ。市民共和制という芸術作品がゆがんだ怪物になったのは、魔女《キルケー》が悪い魔法を使ったからではない。あの市民共和制が失ったのは、立派な外見だけだった。今の〔クーデタ後の〕フランスは、すでに出来上がっていて議会共和制のなかに含まれていたのだ。泡がはじけて、怪物が中から飛び出してくるには、銃剣で一突きするだけでよかった。

どうしてパリのプロレタリアートは、12月2日の後に立ち上がらなかったのか？

ブルジョワジーの転落はまだ布告されたばかりで、布告が行き渡っていなかったのだ。どんなかたちでもプロレタリアートが本気で蜂起していたなら、たちまちブルジョワジーは目を覚まし、軍隊と和解して、きっと労働者にはもう一度、6月事件の敗北を味わわせていたことだろう。

12月4日、プロレタリアートは、ブルジョワと小商店主たちから戦うようそそのかされた。その日の夕方、国民衛兵のいくつかの連隊が、武装し制服を着て戦場に行くことを約束した。というのもブルジョワと小商店主たちは、ボナパルトが12月2日の布告のひとつで、秘密投票を廃止して、公式の名簿で自分の名前のあとにイエスかノーを記入することを強くすすめていることを、嗅ぎつけていたからだ。12月4日の抵抗はボナパルトをおじけづかせた。夜のあいだに彼は、パリ中の街角に秘密投票復活を告げる掲示を貼らせた。ブルジョワと小商店主たちは自分たちの目的を達した［86（098）］と思った。つぎの日の朝、姿をあらわさなかったのは、小商店主とブルジョワたちだった。

パリのプロレタリアートは、12月1日から2日にかけての夜にボナパルトがやった奇襲によって、バリケード戦のボスたち、つまり自分たちの幹部を奪われてしまっていた。将校のいない軍隊となり、モンターニュ派の旗の下で闘うことを1848年と1849年の6月や1850年5月の記憶ゆえに嫌ったプロレタリアートは、反乱パリの名誉を保つことを自分たちの前衛である秘密の団体に任せた。その反乱パリの名誉をブルジョワが無抵抗に暴兵たちに手渡したので、後でボナパルトは、小馬鹿にしたような理由で国民衛兵軍の武装解除をすることができた。「国民衛兵軍の武器がアナーキストたちの手に渡って、国民衛兵軍のほうが攻撃されたりするのも、心配だからな！」

「これこそ、社会主義の完全で決定的な勝利だ！」と、ギゾーは12月2日の特徴を述べている。しかし議会共和制の崩壊がプロレタリア革命の勝利を胚芽として含んでいるとしても、議会共和制の直近の具体的な結果は、議会に対するボナパルトの勝利であり、立法権力に対する執行権力の勝利であり、決まり文句《フレーズ》の暴力に対する決まり文句《フレーズ》なしの暴力の勝利だった。議会では、国民が自分たちの一般意思を法律に高めた。つまり、支配階級の法律を自分たちの一般意思に高めた。だが執行権力の前では、国民は自分たちの意思をすべて断念し、他人の意思の権力命令に、つまり権威に服従する。立法権力に対立する執行権力は、国民の自律に対立する国民の他律を表現している。というわけでフランスは、階級の専制から逃れたように見えているだけで、結果的には個人の専制に、しかも権威なき個人の専制に逆戻りしたにすぎない。闘いは仲裁されたように見えるが、実際は、すべての階級が同じように無力で、同じように無言で、銃床の前にひざまずいているのだ。

しかし革命は徹底的である。煉獄の火をくぐって旅の途中なのだ。革命は方法によって自分の仕事を遂行する。１８５１年12月２日までに革命は、革命の準備の前半をすませたので、今はその後半をすませようとしている。革命がまず議会権力を完成させたのは、議会権力を倒すことを可能にするためだ。それを達成した今、革命は、執行権力を完成させ、執行権力をそのもっとも純粋な表現に還元し、執行権力を孤立させ、執行権力を唯一のテーマとして執行権力に対立させる。それは、[87 (099)] 革命の破壊力のすべてを執行権力に集中するためだ。そして革命がその準備作業の後半をすませたときには、全ヨーロッパは席から躍り上がって、〔ハムレットのように〕歓声をあげるだろう。「よくぞ掘ったな、モグラのじいさんよ！」

この執行権力は、とてつもない官僚組織と軍事組織をもち、重層的で人工的な国家機構をもっていた。50万人もの大勢の役人のほかに、また別に50万人の軍隊がいた。この恐ろしい寄生体が、フランス社会の体に網膜のように巻きついて、その毛穴をすべてふさいでいるわけだが、この寄生体は、絶対王政の時代に、封建制が衰退したときに生まれ、封建制の衰退の加速を助けた。土地所有者や都市がもっていた殿様のような特権は、まさに国家権力の数多くの属性に変わった。封建制の高位高官は、給料をもらう役人に変わった。反目しあっていた中世の絶対権のカラフルな色見本は、国家権力の規則正しい図面に変わった。国家権力の仕事は工場のように分割され中央集権化している。第1次フランス革命は、国民を市民として統一するために、場所や領地や都市や田舎の部分権力をつぶす任務があったわけだが、絶対王政が始めていたものを強化する必要があった。つまり中央集権を強化すると同時に、政府権力の範囲を、付属物を、出先を強化する必要があった。ナポレオンはそういう国家機構を完成した。正統王朝王政と7月王政がそれに加えてやったことといえば、分業の加速だけだった。市民社会の内側での分業が新しい利益集団を、つまり国家行政のための新しい素材をつくり出したわけだが、それに応じるように王政は分業を加速させただけだったのである。共通の利益はどんなものでも、すぐに社会から切り離され、より高い一般の利益として社会に対置され、社会のメンバーの自主的な活動からもぎ離され、政府の活動の対象にされた。村の橋、校舎、公有財産から、フランスの鉄道、国有財産、国立大学にいたるまでそうなった。最後になったが議会共和制は、革命と闘っているうちに、弾圧措置により統治権力の手段と中央集権化を強めることをよぎなくされた。あらゆる変革が、この国家の装置を壊すかわりに完成させていった。各党派は、支配者になろうとして入れ替わり立ち替わり争っていたが、この国家という巨大な建物を手に入れることが、勝利者の主要な戦利品であると見なしていた。[88 (100)]

けれども絶対王政下でも、第1次革命のあいだでも、ナポレオン治下でも、官僚制は、ブルジョワジーの階級支配を準備する手段にすぎなかった。復古王政下でも、ルイ・フィリップ治下でも、議会共和制下でも、官僚制は、どんなに自分の権力を求めようとしても、支配階級の道具だった。

第2のボナパルトの治下になってようやく国家が自立したように見える。国家装置は市民社会に対してしっかり自分を確立したので、その頂点に立つのが12月10日会のボスでも十分なのだ。このボスは、外国から転がり込んできた山師で、酔っ払った暴兵たちによって指導者に祭り上げられた男である。蒸留酒とソーセージで暴兵たちを買収したので、暴兵たちには途切れることなくソーセージを投げてやらなくてはならなくなっている。そんなわけだから、しょんぼりした絶望が、馬鹿にされたという猛烈な屈辱感が、フランスの胸を締めつけ、息を詰まらせている。フランスは自分が汚されたように感じている。

しかしそれにもかかわらず国家権力が宙に浮いているわけではない。ボナパルトは、1つの階級を代表しているのだ。それも、フランス社会でもっとも人数の多い階級、分割地農民を代表しているのである。

ブルボン家が大土地所有の王朝であり、オルレアン家が貨幣の王朝であるように、ボナパルト家は農民の王朝、つまりフランスの民衆の王朝なのだ。ブルジョワ議会に服従したボナパルトではなく、ブルジョワ議会をけ散らしたボナパルトが、農民たちの選んだ人物である。3年間、都市はうまい具合に、12月10日の選挙の意味をごまかし、農民たちをだまして帝国の復活をおあずけにしていた。1848年12月10日の選挙結果は、1851年12月2日のクーデタになってはじめて現実のものになった。

分割地農民はとてつもない規模の大衆で、そのメンバーは似たような状況で暮らしているが、おたがいの関係が何重にもなることはない。彼らの生産様式が、彼らをおたがいに交流させるかわりに、おたがいに孤立させている。この孤立を助長しているのが、フランスの劣悪なコミュニケーション手段と農民たちの貧しさである。彼らの生産の場である分割地は、耕作のときに、分業や科学の応用を許さないので、展開が多様になることも、さまざまな才能が発揮されることも、社会関係が豊かになることもない。どの農家もほとんど自給自足している。消費するものの大部分は直接自分たちで作るので〔89（101）〕、生活に必要なものは、社会との交流ではなく、むしろ自然との交換で手に入れている。分割地があり、農民がいて、農家があると、その横には別の分割地があり、別の農民がいて、別の農家がある。60の農家が集まると村になり、60の村が集まると県になる。こうやってフランス国民の大規模な大衆が、同じ名前のものを単純に足し算してつくられる。たとえばジャガイモを袋に詰めることによってジャガイモの袋ができるように。数百万の家族が暮らしている経済条件によって、彼らの生活様式や利害関心や教養が、他の階級のそれらと分断され、他の階級に敵対しているかぎり、その数百万の家族で階級ができている。分割地農民のあいだにローカルなつながりしかなく、利害関心が同じでも、彼らが連帯せず、国民として結合せず、政治組織をつくらないかぎり、分割地農民は階級にはなっていない。だから彼らは、自分たちの階級の利害関心を、議会を通してであれ、国民公会を通してであれ、自分たちの名前で主張することができない。彼らはみずからを代表することができず、〔誰かに〕代表してもらうしかない。彼らを代表する者は、彼らの代表者であると同時に、どうしても彼らの主人、彼らの上に立つ権威として登場することになってしまう。無制限の統治権力として、彼らを他の階級から守り、彼らに上から雨と日光を送るのである。だから分割地農民の政治的な影響を突き詰めて言えば、統治権力が社会を従属させている、ということになる。

歴史的な伝統によりフランス農民の奇跡信仰が生まれていた。ナポレオンを名乗る男がすべての栄光を取り戻してくれるだろう、というものだ。そして、ナポレオンという名前をもっていることを理由にして、自分こそがその男だと称する個人が出てきた。「父子関係の詮索を禁じる」と規定しているナポレオン法典のおかげである。20年間の放浪生活とグロテスクな冒険をやっていたので、伝説が現実になり、その男がフランス人の皇帝となる。甥の固定観念が実現したのは、フランスで最大多数を擁する階級の固定観念と一致したからだ。「しかし、ではどうして」と、私は突っ込まれるだろう。「フランス全土の半分で、農民が蜂起し、軍隊が農民狩りをし、大量の農民が投獄され、流刑になったのですか？」ルイ14世以来、フランスは「デマによる陰謀を理由に」これほどの規模で農民迫害を経験したことはなかった。

しかし、しっかり理解してもらいたい。ボナパルト王朝が代表しているのは、革命的な農民ではなく、保守的な農民なのだ。自分の〔90 (102)〕社会的生存条件である分割地を超えて突進する農民ではなく、むしろ分割地を固めようとする農民なのだ。自分のエネルギーを使って都市と組んで旧秩序を倒そうとする農村の民衆ではなく、逆にその旧秩序に鈍感に閉じこもって自分の分割地ともども帝政の幽霊に救われ優遇されたいと思う田舎の民衆なのだ。ボナパルト王朝が代表しているのは、農民の啓蒙ではなく、農民の迷信なのだ。農民の卓見ではなく、農民の偏見なのだ。農民の未来ではなく、農民の過去なのだ。現代のセヴァンヌ〔ラングドックの山岳地帯で、1702年から05年のあいだに農民が蜂起した〕、現代のヴァンデ〔パリの南西の地域で、農民が反革命で闘って鎮圧・虐殺された〕なのだ。

議会共和制の3年にわたる過酷な支配は、一部のフランス農民をナポレオン幻想から解放し、たとえ表面的にせよ彼らを革命的にしていた。けれどもブルジョワジーは、彼らが動き出すたびに、力ずくで押し戻した。議会共和制のもとで、フランス農民の現代的な意識がフランス農民の伝統的な意識と闘った。そのプロセスは、学校の先生と坊主の絶えざる闘いというかたちで進行した。ブルジョワジーは学校の先生を打ち倒した。そこではじめて農民たちは、政府の活動に対して自主的にふるまおうと努力した。その努力は、市町村長と知事の絶え間ない紛争というかたちであらわれた。ブルジョワジーが市町村長を解任した。ついに農民たちは、フランス各地で議会共和制の時期に、自分たちの鬼子である軍隊に対して蜂起した。ブルジョワジーは農民たちを戒厳令と強制執行で罰した。そしてそのブルジョワジーが〔クーデタ後の〕今、「自分たちをボナパルトに売り渡した大衆、下賤な群衆《ヴィル・ミュルテイテユド》〔1850年5月24日にティエールが立法国民議会で使った言葉〕は愚かだ」と叫んでいる。帝政主義を農民階級に力ずくで刷り込んだのは、ブルジョワジーのほうなのに。ブルジョワジーが、帝政主義という農民宗教が生まれる地盤を固めたのだ。もっともブルジョワジーとしては、大衆が保守的であるかぎりは、大衆の愚かさを恐れるしかなく、大衆が革命的になるとすぐに、大衆の分別を恐れるしかないわけだが。

クーデタ後の蜂起では、一部のフランス農民が武器を手に、自分たちが1848年12月10日にやった〔大統領選挙の〕投票に抗議した。1848年以来の授業で利口になっていたのだ。けれども彼らは、歴史の地下世界に身を捧げてしまっていたので、歴史に言質を取られており、まだ大多数が固定観念に囚われていたので、まさにもっとも赤い各県で農村住民は公然とボナパルトに投票した。彼らの見解では、国民議会がボナパルトの［91（103）］歩みの邪魔をしていたのだ。ボナパルトは今、都市が農村の意思を縛りつけている鎖を断ち切ったにすぎなかった。いくつかの土地では農民が、「〔独裁者の〕ナポレオンの横に〔独裁機関の〕国民公会を」というグロテスクな図すら想像していた。

第1次革命が半ば農奴のような農民を自由な土地所有者に変えた後、ナポレオンが条件をしっかり整備してくれたおかげで、農民たちは、はじめて自分のものにしたばかりのフランスの土地を、誰にも邪魔されることなく活用できるようになり、若者のような所有欲を満たすことができた。しかし今、フランスの農民が没落している原因は、彼らの分割地そのものであり、地所の分割であり、ナポレオンがフランスに確立した所有形態なのだ。まさにこの物質的な条件が、フランスの封建農民を分割地農民に変え、ナポレオンを皇帝にしたのである。耕作がじょじょに悪化し、耕作人がじょじょに借金を増やす、という避けようのない結果を招くには、2世代で十分だった。「ナポレオン式の」所有形態は、19世紀の初めにはフランスの農村の民衆を解放して豊かにする条件だったが、この19世紀のうちにしだいに彼らの奴隷化と貧民化の法則になっていった。そしてまさにこの法則こそ、第2のボナパルトが守り通さなければならない「ナポレオン思想」の第1の思想なのである。もしも第2のボナパルトが、農民たちと幻想を共有して、農民たちの破滅の原因を、分割地所有そのものに求めるのではなく、外部の2次的な事情の影響に求めるなら、彼の実験は、さまざまな生産関係にぶつかってシャボン玉みたいに壊れるだろう。

分割地所有の経済的な展開が、他の社会階級に対する農民の関係を根底からひっくり返した。ナポレオンのもとでは、農村における地所の分割は、都市における自由競争と始まったばかりの大工業を補完していた。いつでもどこでも農民階級は、まさに倒されたばかりの土地貴族に対する抗議だった。分割地所有がフランスの地所に張った根は、封建制からすべての養分を吸い取っていた。分割地の境界の杭は、ブルジョワジーにとっては、自分たちの旧主の不意打ちに備えた自然の要塞だった。しかし19世紀のあいだには、封建領主のかわりに都市の高利貸しが登場し、封建制の土地についた義務のかわりに抵当権が登場し、貴族の土地所有のかわりに市民の資本が登場した。農民の分割地は、たんなる口実にすぎないのである。それを口実にして資本家は、耕地から利潤と利子と地代を[92 (104)]むしり取っておきながら、耕作人には自分で自分の労賃を手に入れる努力をさせているのだ。フランスの土地に課せられる抵当権債務は、フランスの農民に、ブリテンの国債総額の年利子と同じ額の利子を負わせている。分割地所有が展開すると資本の奴隷になるのは避けられないのだが、そうやって資本の奴隷になった分割地所有は、たくさんのフランス国民を穴居人に変えた。1600万人の農民（女と子どもを含む）がほら穴に住んでいる。大部分のほら穴は開口部が1つしかなく、他のほら穴も開口部は2つだけで、もっとも恵まれたほら穴でも開口部は3

つだ。窓は家にとって、人間の頭にとっての五感に相当する。市民の秩序は、19世紀の初めには、新しく生まれた分割地の前に国家を歩哨として立たせ、分割地に月桂冠を肥料としてやっていたのだが、今では、分割地の心臓の血と脳髄をすすって、資本の錬金術師の大鍋に投げ込む吸血鬼になっている。ナポレオン法典は、差し押さえと強制競売と強制処分の法典にすぎない。フランスでは、貧民、浮浪者、犯罪者、売春婦の数は、公式には400万人（子どもなどを含めて）だが、これに加えて500万人が、生きるか死ぬかのどん底で暮らしている。彼らは農村に住みついているか、または、いつもボロをまとって子どもを連れて農村から都市へ、都市から農村へ逃れている。だから農民の利害は、もうナポレオン治下のように、ブルジョワジーの利害、つまり資本の利害と調和することはなく、対立しているのである。だから農民たちは、市民的秩序の転覆を使命とする都市プロレタリアートを、当然、自分たちの同盟者であり指導者であると見なす。しかし強力で無制限の政府が、――そしてこれこそが、第2のナポレオンが実行しなければならない第2の「ナポレオン思想」なのだが――この「物質的」秩序を力ずくで守ることを使命にしているのだ。実際、この「物質的秩序」は、暴動農民に対するボナパルトのすべての布告において標語になっている。

分割地には資本が抵当権を課しているが、そのほかに税金がのしかかっている。税金は、官僚制、軍隊、坊主、宮廷の、ということは執行権力の装置全体の、生命の泉である。強い政府と厳しい税金は、同じことだ。分割地所有は、その本性からいって、無数の官僚がいて、じつに強力な官僚制の基礎となるのに適している。分割地所有は、〔93（105）〕国全体にわたって環境と人間の水準を均等にする。分割地所有は、均等なその大衆のあらゆる点に関して、一番高い中心から均等に働きかけることを可能にする。分割地所有は、一般大衆と国家権力のあいだにある貴族という中間段階をなくす。だから分割地所有によって、あらゆる側面からこの国家権力が直接に介入するようになり、国家権力直属機関が干渉するようになる。最後に分割地所有によって、職のない人間があふれかえる。無職の過剰人口は農村でも都市でも仕事が見つからないので、りっぱな施し物に手を伸ばすような感覚で官職をつかもうとする。そのため国が官職を増設する。ナポレオンは、銃剣で新しい市場を開いたり、大陸を略奪したりして、強制租税に利子をつけて返していた。強制租税は、〔ナポレオン治下では〕農業にとって刺激だったが、逆に今は、農業からリソースを奪って、貧困に対する農民の抵抗力をすっかりなくしている。そして金モールの飾りをつけ栄養たっぷりの、膨大な数の官僚たちこそ、第2のボナパルトが何よりも気に入っている「ナポレオン思想」なのだ。気に入らないはずはない。なにしろこのボナパルトは、現実の社会階級のほかに、自分のレジームの維持にとって死活問題となる人工のカーストをつくることをよぎなくされているのだから。というわけで彼の最初の財政作戦のひとつは、役人の給与を以前の額まで引き上げて、新しい閑職を増設することだった。

坊主の支配を統治手段にすることも、「ナポレオン思想」である。しかし、生まれたばかりの分割地は、社会と調和し、自然の力に依存し、自分を上から保護してくれる権威に服従していたので、もちろん信心深かったけれども、今の分割地は、借金でボロボロになり、社会や権威とも不仲になり、偏狭であることを許してもらえないので、もちろん不信心になる。天国は、手に入れたばかりの狭い土地区画への、なかなか結構な景品だった。おまけに天気までつくってくれるのだから。しかし分割地の代償として天国が押しつけられると、たちまち天国は侮辱となる。そのとき坊主の姿は、地上の警察の聖油を塗られた捜索犬にしか見えなくなる――これもまた「ナポレオン思想」なのだが――。ローマ出兵が今度はフランス国内で行われるだろう。ただし、〔国民議会で「社会主義に対して本気の闘いを」と呼びかけた〕ド・モンタランベール氏の出兵要請とは逆の意味で。

最後に「ナポレオン思想」の頂点は、軍隊の優位である。軍隊は、分割地農民にとって名誉にかかわる問題だった。[94（106）] 農民自身が、外に向かっては新しい所有を守り、獲得したばかりの自分たちの国民性をたたえ、世界から略奪して、世界に革命を起こす英雄に変身したのだ。軍服が彼らなりの大礼服であり、戦争が彼らの詩であり、空想のなかで延長され仕上げられた分割地が祖国であり、愛国心が所有意識の理想形態だった。しかし今、フランスの農民は自分の所有を守らなければならないのだが、敵はコサックではなく、執達吏と収税吏である。分割地はもはや、いわゆる祖国のなかにはなく、抵当登記簿のなかにある。軍隊のほうももはや、農民の若者の花ではなく、農民ルンペンプロレタリアートの泥沼の花である。軍隊は大部分がランプラサン、つまり身代わりで構成されている。ちょうど第2のボナパルト自身が、ナポレオンのランプラサン、つまりナポレオンの身代わりにすぎないように。今では軍隊の英雄的な行為といえば、カモシカのように農民を狩り立てることである。それは憲兵の仕事なのだが。そして、もしも体制内の矛盾のせいで12月10日会のボスが狩り立てられて、フランスの国境を越えるようなことがあれば、その軍隊は、追い剝ぎのようなことを何度かやった後、月桂冠ではなく、こん棒をくらうことになるだろう。

ご覧のように、すべての「ナポレオン思想」は、未発達で若々しい分割地にとっての思想なのだ。老いぼれた分割地にとっては、背理である。断末魔の苦しみから生まれる幻覚にすぎない。常套句になってしまった言葉にすぎない。幽霊になってしまった人間にすぎない。けれどもフランス国民の大多数を伝統の重圧から解放し、社会に対立する国家権力というものをくっきり浮かび上がらせるためには、帝政のパロディーが必要だったのだ。どんどん分割地所有がめちゃめちゃになっていくと、その上に建てられている国家という建物は崩壊する。国家による中央集権は、現代社会が必要とするものだが、それは、封建制に対抗して鍛えられた軍事的＝官僚的統治装置の廃墟でしか成立しない。

フランスの農民の事情が、12月20日と21日の普通選挙の謎を解いてくれる。あの普通選挙に導かれて、第2のボナパルトは〔モーセが神から十戒を授けられた〕シナイの山にのぼったのだが、それは法を授かるためではなく、法をあたえるためだった。

ブルジョワジーにとって、今では明らかにボナパルトを選ぶという選択肢しかなかった。倫理に厳格な人たちがコンスタンツ公会議〔1414～18年〕で、法王たちのふしだらな生活を嘆いて、倫理改革の必要を〔95（107）〕懇願したとき、枢機卿ピエール・ダイイ〔1351～1420年〕が雷を落とした。「カトリック教会を救うことができるのは、本物の悪魔だけだ。それなのにあなたがたは天使を望んでいる」。同じようにフランスのブルジョワジーは、クーデタの後で叫んだ。「市民社会を救うことができるのは、12月10日会のボスだけだ！　盗みだけが財産を、偽りの宣誓だけが宗教を、私生児だけが家族を、無秩序だけが秩序を救うことができるのだ！」

ボナパルトは、執行権力をひとりで体現する権力として、「市民的秩序」を保障することが自分の使命だと感じている。だがその市民的秩序の強みは中間階級にある。だから彼は自分が中間階級の代表なのだとわきまえ、その意向にそって布告を出す。だが彼がしかるべき存在であるのは、この中間階級の政治力を壊したからであり、毎日のように壊しつづけているからでしかない。だから彼は自分が、中間階級の政治勢力や文筆勢力の敵だとわきまえている。けれども彼は、中間階級の物質的な力を守ることによって、中間階級の政治力を新たに生み出している。だから〔自分を生んでくれた〕原因は生かしておかなければならないが、その結果があらわれたときには、結果を抹殺しなければならない。だがそのとき、どうしても原因と結果のちょっとした取り違えが起きてしまう。原因と結果が相互作用しているうちに、それぞれを区別する目印が消えてしまうからだ。新しい布告が出ると、境界線がぼやける。それと同時にボナパルトは自分が、ブルジョワジーに敵対して、農民と民衆一般の代表者だとわきまえているので、市民社会の内側で下層階級の民衆を幸せにしようとする。「真の社会主義者たち」〔1850年のフランス社会民主派〕から統治の知恵をこっそり頂戴して、それを先取りした新しい布告を出すのである。けれどもボナパルトは自分が、何よりも12月10日会のボスであり、ルンペンプロレタリアートの代表であることをわきまえている。ルンペンプロレタリアートには彼自身が、彼の取り巻きが、彼の政府が、彼の軍隊が属していて、このルンペンプロレタリアートにとって何よりも大事なのは、自分たちに慈善をほどこすことであり、カリフォルニアくじの賞金を国庫から引き出すことなのだ。こうして彼は自分が、12月10日会のボスであることを証明する。布告によって、布告なしに、布告にもかかわらず。

この男のこういった矛盾だらけの使命が、この男の政府の矛盾を、あっちへヨロヨロ、こっちへヨロヨロを説明している。あるときはこちらの階級を、またあるときはあちらの階級を、あるときは味方にしようとし、またあるときは侮辱しようとして、すべての階級を怒らせるのだ。その不安定な実態は、伯父をそっくりコピーした政府文書の命令調の断固たる文体とは、じつに滑稽なほど対照的である。

工業と商業を、つまり中間階級の商売を、〔96（108）〕強い政府の温室で開花させてやらなければならない。そこで、無数の鉄道敷設権をさずける。けれどもボナパルト派のルンペンプロレタリアートも豊かにしてやらなければならない。そこで事前情報をもった者が、株の取引所で鉄道敷設権がらみのインチキをやる。けれども鉄道に投資する資本が姿を見せない。そこで鉄道株への前貸しを銀行に義務づける。けれどもそれと同時に、銀行を個人に利用させて、銀行を喜ばせてやらなければならない。そこで銀行には、毎週の業務報告の公表義務を免除してやる。政府と契約した銀行がライオンのようにボロ儲け。民衆には仕事をやらなければならない。そこで建設工事を国の公共事業にする。けれども国の建設工事は民衆には増税となる。だから金利生活者をねらって、5パーセントの利子付き公債の金利を4.5パーセントにして、減税をする。けれども中間階級にもふたたび、おいしい思いをさせる必要がある。そこでワインを小売で買う民衆に対してはワイン税を2倍にし、ワインを卸売で買って飲む中間階級にはワイン税を半額にする。今ある労働協同組合《アソシアシオン》を解体するけれど、未来のすばらしい協同社会《アソシアシオン》を約束する。農民たちのことも助けてやらなければならない。そこで抵当銀行が農民の負債と所有の集中を加速する。けれどもこれらの銀行を利用させるのは、「2月革命のときに没収されなかった」オルレアン家の没収財産からお金をしぼり取るためだ。資本家は誰も、布告に書かれていないこの条件に同意しようとはしないし、抵当銀行はたんなる布告にとどまっている。などなど、などなど。

ボナパルトは、すべての階級に対して家父長的な慈善家という姿を見せたいのだ。しかし彼はどの階級に対しても、他の階級から取らないかぎり与えることができない。フロンドの乱の時代、ギーズ公についてこう言われていた。「あの人はフランスでもっとも親切なお方だ。なぜならご自分の財産のすべてを、ご自分に対するパルチザンたちの恩義に変えてしまわれたのだから」。それと同じようにボナパルトも、フランスでもっとも親切な男になって、フランスのすべての所有、すべての労働を、自分に対する個人的な恩義に変えたいのである。彼はフランスをまるごと盗みたい。フランスをそっくりフランスにプレゼントできるように。あるいはむしろ、フランスをフランスのお金で買い戻せるように。というのも12月10日協会のボスとして、自分のものになるべきものは、買うしかないのである。そして国のすべての施設が、買うための施設となる。つまり元老院、国家参事会、立法院、レジオン・ドヌール勲章、戦勲メダル、洗濯場、国の建設工事、鉄道、兵卒のいない国民衛兵参謀部、オルレアン家の［97 (109)］没収財産である。軍隊および政府機構のあらゆる地位が、買うための手段となる。ところで、フランスに与えるためにフランスが取られるというこのプロセスで、もっとも大切なのは、この売買のあいだに12月10日会のボスとメンバーの儲けとなる歩合である。ド・モルニ氏〔＝モルニ公〕の愛人、L〔レオン〕伯爵夫人がジョークで、オルレアン家の財産没収の特徴を言いあてた。「これが鷲の初飛《ヴォル》びでしょ」[1]〔「鷲」はナポレオンの象徴〕。この言葉は、鷲というよりはむしろカラスが飛ぶたびに、毎回あてはまるジョークだ。食い潰すのに何年もかかる財産を、ケチな男がこれ見よがしに数えていたとき、あのイタリアのカルトゥジオ会の修道士が声をかけた。「あなた、自分の財産を数えておられるが、その前に自分の年齢を数えてみてはいかがかな」〔原文はイタリア語で、原注はそのドイツ語訳〕。ボナパルトとボナパルトの子分たちも、毎日のようにこの言葉をかけあっているのだが、計算をまちがえないように、年ではなく分で数えている。宮廷に、各省に、行政の首脳部に、軍隊の首脳部に、連中が集団で押しかける。連中のなかで一番ましな者でさえ、どこからやって来たのかわからない。騒々しくて、うさん臭くて、略奪が大好きなボヘミアンだ。〔ハイチ帝国の〕スールーク〔皇帝〕の高位高官のように、金モールをつけた制服を着て、グロテスクなほど勿体ぶって這いずりまわっている。これら12月10日会の上層部を具体的に思い浮かべたいなら、ヴェロン＝クルヴェル[2]に道徳をお説教され、グラニエ・ド・カサニャック〔7月王政下ではオルレアン派、2月革命後はボナパルト派で、お金のためなら何でも書いたジャーナリスト〕にものの考え方を教わった連中だと思えばいい。ギゾーは首相時代、王朝派の野党を攻撃するため三文新聞でこのグラニエを使ったが、そのときグラニエのことを「あれは道化の王様だ」と言って、よくほめていた。ルイ・ボナパルトの宮廷や一族郎党を見て、〔ルイ15世が未成年だったときの〕摂政時代やルイ15世を思い出すとすれば、それはまちがっているかもしれない。というのも「それまでですでに何度もフランスは妾《めかけ》政府を経験していたけれど、男妾《おとこめかけ》政府は経験してない[3]」からだ〔摂政時代やルイ15世の時代は、ポンパドゥール夫人やデュ・バリー夫人など国王の公妾が政治を動かしていた。ルイ・ボナパルトは外国放浪時代にお金がなくなり、娼婦の男妾になっていた。その娼婦とは、ミス・ハワードのこと。彼女は、ロンドンの社交界で豊かな富と美貌をもつ女性で、いつも借金に苦しむルイ・ボナパルトを支えつづけた。ロンドンで高級娼婦をしていたときに彼と知り合った」。

（1）「ヴォル」には「飛ぶこと」と「盗み」の意味がある。

（2）バルザックは『従妹ベット』でクルヴェルを、根っからふしだらなパリの俗物として描いているが、そのクルヴェルは、『憲法《コンスティテュシオネル》』紙の社主ヴェロン博士がモデル。

（3）ジラルダン夫人の言葉。

ボナパルトは、自分の立場のせいで相矛盾する要求に狩り立てられ、同時に手品師のように、いつも驚かすことによって観客の目をナポレオンの代役である自分に引きつけておく必要に迫られて、つまり、毎日のようにミニチュアのクーデタをやってみせる必要に迫られていた。そのためボナパルトは、市民経済の全体を混乱させ、[98（110）] １８４８年の革命では手をつけられないと思えたことすべてに手をつけ、ある者には革命を耐えさせ、また別の者には革命を大好きにさせ、秩序の名によって無政府状態そのものをひき起こす。その一方で同時に、すべての国家機構から聖なる後光をはぎ取って、それを世俗化し、吐き気をもよおすと同時に滑稽なものにする。トリーア〔大聖堂〕にある〔刑場に引かれていくイエスが着ていたとされる〕聖衣《ローブ》への崇拝を、彼はパリで、ナポレオンが着ていた皇帝マントへの崇拝によってくり返す。しかし皇帝のマントがついにルイ・ボナパルトの肩にかかるなら、ナポレオンの銅像はヴァンドームの円柱のてっぺんから転がり落ちるだろう〔ヴァンドームの円柱は、ナポレオン1世の命により、1806年から10年にかけて、捕獲した大砲から鋳造してパリのヴァンドーム広場に建てられた。ナポレオン1世の銅像は、復古王政のあいだは外されていたが、1833年に復活。1863年にはナポレオン3世（＝ルイ・ボナパルト）の命によって改造された。1871年のパリ・コミューンでは、この円柱は「軍国主義や国際法否認の記念碑」だとして破壊されたが、実際は大砲をつくるために鋼鉄が必要だった」。

# 訳者あとがき

この本は、Karl Marx: *Der achtzehnte Brumaire des Louis Bonaparte*, 2. Auflage, Hamburg: Otto Meißner, 1869 の翻訳です。

## 君たちが国のてっぺんでヴァイオリンを弾けば

〈ヘーゲルはどこかで、すべての世界史的な大事件や大人物はいわば二度あらわれる、と言っている。だが、こうつけ加えるのを忘れた。一度は悲劇として、もう一度は茶番《ファルス》として、と〉。『ルイ・ボナパルトのブリュメール18日』の有名な書き出しだ。悲劇より茶番のほうが、たいてい、深い意味をもっている。

マルクスは芝居が大好きだった。演劇評論家になろうと考えたこともあり、ロンドンに亡命していたときも、毎日のように劇場に通っていた。大好きなシェイクスピアやゲーテ『ファウスト』から、よく引用した。歴史家よりバルザックから多くを学んだマルクスは、『資本論』のあとには、『バルザック論』を書きたいと思っていた。

〈君たちが国のてっぺんでヴァイオリンを弾けば、下にいる者たちは踊りはじめるに決まっているではないか?〉芝居っ気のあるマルクスの文章には華がある。マルクスの思想とか、マルクス主義の図式とかに回収してしまうにはもったいない、豊かな力がある。

『ルイ・ボナパルトのブリュメール18日』は、1848年の2月革命から1851年12月2日のクーデタまでの展開を、同時代人としてマルクスが報告した本だ。ジャーナリスティックな記録であると同時に、鋭い分析のレポートでもある(私には、分割地農民のあたりが、とくにおもしろかった)。『ブリュメール18日』は、人類学者レヴィ＝ストロースの愛読書で、社会学や民族学の問題にとりくむ前に、ほとんどいつも何ページか読んで、自分の思考に活気をあたえていたという。

**凡庸でグロテスクな人物?**

マルクスが『ブリュメール18日』で証明しようとしたのは、〈フランスの階級闘争のおかげで生まれた事情や環境があったからこそ、凡庸でグロテスクな人物が主役を演じることができたということである〉。『ブリュメール18日』という茶番劇で、主人公のルイ・ボナパルトは、伯父の大ナポレオンにちなんで「ルイ・ナポレオン」と呼ばれることがない。ナポレオンの名前には値しない、とマルクスが考えていたからだ。

『ブリュメール18日』を翻訳しながら、「凡庸な」という形容詞に私はちょっと首を傾げた。議会との権力ゲームを見ても、ルイ・ボナパルトは凡庸というよりは、なかなかの策士じゃないか。

鹿島茂『怪帝ナポレオン三世――第二帝政全史』（講談社、２００４年。のち、講談社学術文庫、２０１０年）は、ルイ・ボナパルトつまりルイ・ナポレオンつまりナポレオン３世を、「評価されざる偉大な皇帝」として描いた評伝だ。マルクス主義史観が下火になってから、たくさんの文献にもとづいて書かれたこの労作は、「陰謀好きなたんなる馬鹿」、「好色で、宴会好きの成り上がり」というマルクスの投げつけた濡れ衣を晴らしている。

〈長いあいだ、じつに長い期間にわたって、第二帝政は、歴史家にとっては、すべての面でマイナスの評価の対象にしかなりえなかった。第二帝政といえば、ナポレオンの甥というだけのたんなるバカが陰謀と暴力によって権力を奪取し、強権によって支配を続けた暗黒の時代とされていた。再評価が始まったのは、左翼の凋落が始まった一九八〇年代のことである〉（『怪帝ナポレオン三世』）。

ナポレオン3世は、民衆の幸福、貧困の根絶を目標としていた。労働者の生活改善のための政策に心を配ってきた。〈鷲の初飛び《ヴォル》〉と呼ばれたオルレアン家の財産没収も、社会福祉の財源確保のためだったという。１８５２年12月1日、「評価されざる偉大な皇帝」ルイ・ボナパルトは、11月の国民投票の結果を受けて、皇帝受諾演説で統治の方針を述べている。

〈いわく、私は寛容をもって臨むだろう。だれの意見にも広く耳を傾け、党派には与しない。政治犯は解放される。フランスの過去に対して連帯責任を取り、その歴史の一ページとして否定はしないだろう。国全体を味方につけることこそが望みであり、その貧困を無くすことが自分の使命である云々〉(『怪帝ナポレオン三世』)。

モーツァルトのオペラ《魔笛》(初演1791年)。〈お前は知恵のために闘うか?〉と第2の僧侶にたずねられて、鳥刺しパパゲーノが答える。〈闘うなんて、おれの専門外。知恵なんて、ほんと、どうでもいい。おれは自然人。寝て食って飲めりゃ、それで十分。あと、できることなら、きれいな女房がいればなあ〉。

《魔笛》はフリーメイソン・オペラと呼ばれることがある。フリーメイソンの合い言葉「自由・平等・友愛」は、理性を大事にする啓蒙思想の合い言葉でもあり、フランス革命にも縁があり、フランス共和国の標語でもある。だが《魔笛》では、去勢された優等生の王子タミーノなんかより、道化のような民衆パパゲーノのほうが、音楽でもずっと魅力的だ。

『ブリュメール18日』で「民衆」は偶像化されていない。「宴会好きの」ルイ・ボナパルトは、宴会やお金で、蒸留酒やソーセージで、人びとの心を釣ろうとした。〈これほど平板に大衆の平板さをあてにした王位請求者はいなかった〉とマルクスは書いている。だが、慧眼なルイ・ボナパルトは、ほとんど永遠の真理と呼びたくなるような、自然人パパゲーノの「平板さ」に目をつけていた。脳科学が明らかにしたように、「象(感情)」のほうが「乗り手(理性)」より圧倒的に強い。ヒトは議論や理性ではなく、イメージや感情で投票する。

ポイントは、パパゲーノたちにつける薬ではなく、パパゲーノたちを釣る餌である。パパゲーノ階級（?）にとって、餌の定番は「パンと見世物」だろう。

## アフター・ヨーロッパ

翻訳しているとき私の頭に、イワン・クラステフの《*After Europe*》（2017年）が出没していた。『アフター・ヨーロッパ――ポピュリズムという妖怪にどう向きあうか』（2018年）が邦訳のタイトルだが、ドイツでは、『ヨーロッパの黄昏（*Europadämmerung*）』（2017年）というタイトルで翻訳され、話題になった。移民（難民）とデモクラシーの問題を分析したこの本では、「ヨーロッパ」を、「自由・平等・友愛」の代名詞として読むことができる。

《魔笛》は、めでたいおとぎ話のように思われがちだけれど、なかなか一筋縄ではいかない。《魔笛》の最後で僧侶たちが歌う。〈勝ったのは強さだ／そしてその褒美として／美しさ〔パミーナ〕と知恵〔タミーノ〕には／永遠の王冠が載せられる〉。この僧侶たちの合唱の直前に、夜の女王も、黒いモール人の奴隷モノスタトスも、奈落に落とされ、啓蒙の光が届くことはない。啓蒙には限界がある、ということをこっそり告げているのかな?

観光客は歓迎するけれど、移民（難民）は歓迎しない。「ヨーロッパ」が黄昏を迎えている。以前は、民主的な社会になれば、幸福な社会になると思われていた。でも今は、ポピュリズムというお化けが、うろうろしている。少数者の意思を尊重するはずのデモクラシーが、寛容の精神を捨てて牙をむき、排除のツールとなっている。多数決は、デモクラシーのワンステップでしかないのに、それを切り札に使う乱暴な政治が人気だ。国民投票にかぎらず投票は、人気投票であり、かならずしも賢明な選択をするとはかぎらない。

このところ政治の舞台では、たがが外れたように、行儀の悪い演者が目につく。「好きか嫌いか」を大統領がツイートし、株価がそれに一喜一憂する。勝つか負けるか。敵か味方か。イエスかノーか。1か0か。選挙も多数決も、シンプルな2分法の集積だ。世の中のことは、そう簡単には2分できないはずなのに、シンプルな2分法で、ものごとが乱暴に運ばれていく。「頭が悪いと楽でいいよね」と菅原道真が言った。政治という権力ゲームで、いったい誰が乱暴者に権力をあたえているのだろう？

「ルンペンプロレタリアート」は、ルイ・ボナパルトを支持するボヘミアン集合だ。マルクス公認の純正「プロレタリアート」とちがって、どの階級にも構成分子がいる非正規の、寄り合い所帯である。〈フランスの階級闘争のおかげで生まれた事情や環境があったからこそ、凡庸でグロテスクな人物が主役を演じることができた〉。このマルクスの見立ての当否はさておいて、１８４８年の2月革命から１８５１年12月2日のクーデタまでを扱った『ブリュメール18日』では、ルンペンプロレタリアートとその頭領ルイ・ボナパルトが活躍

（？）する。両者に対するマルクスの悪口も、なかなか辛辣だ。「ルンペン」からして悪口だが、悪口を言うということは、その相手の存在と力を認めているということだ。

芝居好きのマルクスは、『ルイ・ボナパルトのブリュメール18日』という〈茶番《ファルス》〉を傑作にするために、主人公を〈凡庸でグロテスクな人物〉に仕立てたのではないか。選挙やデモクラシーは、そもそも穴のあるシステムだから、「凡庸でグロテスクな茶番」になりかねない、ということを浮き彫りにするために？——なんてことを妄想しながら、私は『ルイ・ボナパルトのブリュメール18日』という傑作茶番劇を翻訳した。

## Less is more.

「近年、マルクスへの関心が再び高まってきているのを感じ、中でも、昨今の世界情勢、日本の状況がこの本を求めるものになりつつあるのを直感しています」。思想史学者で編集者の互盛央さんからメールが届いた。「一般の読者が気軽に手にできて読みやすい文庫版を」という依頼だった。

うーん、マルクスか。慣れない畑だな。でも、『ブリュメール18日』が描いている政治や選挙や憲法の話は、私たちを直撃する問題だ。直撃する問題なのに、この国では無関心な人が多い。それも深刻な問題だ。慣れない畑だけど、怪物マルクスの迫力あるドイツ語は魅力的だし、マルクスの翻訳でよく見かける「人民」という訳語も苦手だし……。というわけで、畑仕事に精を出すことにした。

畑仕事はこんな具合にやった。Mac mini のディスプレイに、バイエルン州立図書館（BSB）からオンライン閲覧で、1869年版（第2版）を呼び出す。その横の書見台には、紙本の1852年版（初版。新MEGA［Marx-Engels-Gesamtausgabe］に準拠したテキストに注釈をつけたコンパクトな研究版 Suhrkamp Studienbibliothek 2007［stb3］）を立てる。そして、この初版の紙本に赤で、第2版との異同を、コンマひとつ漏らさず書き込みながら、第2版の翻訳を MacBook Air の Word に打ち込んでいく。ちなみに訳者の補足や注記は、おもにこの stb3 の注釈に拠っている。

そうやって初版（1852年）に入れた赤が目立つのは、最初の章と最後の章だけだ。第2版（1869年）の〈はじめに〉で、マルクスはこう書いている。〈雑誌に発表した〈初版の〉文章を書き直したなら、その文章が本来もっていた色調をなくしていただろう。だから私は、ミスプリントを修正し、今では伝わりにくくなってしまった当てこすりを削除するだけにした〉。

たとえば有名な冒頭は、初版では〈一度は大悲劇として、もう一度はみすぼらしい茶番《ファルス》として〉だが、第2版では形容詞が外され、〈一度は悲劇として、もう一度は茶番《ファルス》として〉になっている。対照がくっきり浮かび上がってくる。コンマを移動したり、文章を剪定したりして、交通整理された第2版のほうが、私のようにドイツ語に自信のない人間にも、作品として読みやすい。名匠は、削ることに心を注ぐ。すき間があるほうが、びっしり描かれているより、受容者の想像力がふくらむ。

初版は、研究者やオタク向けだ。オリジナルは尊重するべきだけど、マルクス本人が自分でブラッシュアップした第2版のほうが、私のようなシロウトには「オリジナル完成版」のように思える。Less is more.『ブリュメール18日』第2版には、無名のサラリーマン作家カフカを「聖人」として売り出そうとして編集されたブロート版カフカのような改竄問題はないのだし。

＊

岩波文庫（第2版が底本）の伊藤新一・北条元一訳、平凡社ライブラリー（初版が底本）の植村邦彦訳から、いろいろ教わった。「読みやすい文庫本」にするため、歴史学の学部4年生の向山愛夏さんに翻訳のモニターをお願いした。講談社編集部の互盛央さんには、最初から最後まで（「政治党派一覧」、「関連年表」の作成も含めて）、すっかりお世話になった。ありがとうございました。

２０１９年８月　丘沢静也

＊本書は、講談社学術文庫のための新訳です。

＊今日の感覚では、明らかに差別的な表現が含まれていますが、本書が刊行された時代環境を考え、そのままにしてあります。差別の助長を意図するものではありません。

**カール・マルクス（Karl Marx）**

1818-83年。ドイツの哲学者・経済学者。主な著書に，『ドイツ・イデオロギー』（1845年），『共産党宣言』（1848年）（以上，エンゲルスとの共著），『資本論』（1867-94年）ほか。

**丘沢静也（おかざわ　しずや）**

1947年生まれ。ドイツ文学者。著書に『マンネリズムのすすめ』，『下り坂では後ろ向きに』ほか。訳書にヴィトゲンシュタイン，カフカ，ニーチェなど。

---

講談社学術文庫



# ルイ・ボナパルトのブリュメール18日《にち》

カール・マルクス

丘沢静也《おかざわしずや》 訳

2020年４月８日　第１刷発行
2021年４月26日　第４刷発行

発行者　鈴木章一
発行所　株式会社講談社
東京都文京区音羽 2-12-21 〒112-8001
電話　編集（03）5395-3512
販売（03）5395-4415
業務（03）5395-3615

装　幀　蟹江征治
印　刷　株式会社廣済堂
製　本　株式会社国宝社
本文データ制作　講談社デジタル製作



---

ISBN978-4-06-519346-4

# 「講談社学術文庫」の刊行に当たって

これは、学術をポケットに入れることをモットーとして生まれた文庫である。学術は少年の心を養い、成年の心を満たす。その学術がポケットにはいる形で、万人のものになることは、生涯教育をうたう現代の理想である。

こうした考え方は、学術を巨大な城のように見る世間の常識に反するかもしれない。また、一部の人たちからは、学術の権威をおとすものと非難されるかもしれない。しかし、それはいずれも学術の新しい在り方を解しないものといわざるをえない。

学術は、まず魔術への挑戦から始まった。やがて、いわゆる常識をつぎつぎに改めていった。学術の権威は、幾百年、幾千年にわたる、苦しい戦いの成果である。こうしてきずきあげられた城が、一見して近づきがたいものにうつるのは、そのためである。しかし、学術の権威を、その形の上だけで判断してはならない。その生成のあとをかえりみれば、その根は常に人々の生活の中にあった。学術が大きな力たりうるのはそのためであって、生活をはなれた学術は、どこにもない。

開かれた社会といわれる現代にとって、これはまったく自明である。生活と学術との間に、もし距離があるとすれば、何をおいてもこれを埋めねばならない。もしこの距離が形の上の迷信からきているとすれば、その迷信をうち破らねばならぬ。

学術文庫は、内外の迷信を打破し、学術のために新しい天地をひらく意図をもって生まれた。文庫という小さい形と、学術という壮大な城とが、完全に両立するためには、なおいくらかの時を必要とするであろう。しかし、学術をポケットにした社会が、人間の生活にとってより豊かな社会であることは、たしかである。そうした社会の実現のために、文庫の世界に新しいジャンルを加えることができれば幸いである。

一九七六年六月　　　　野間省一

**道徳感情論**
アダム・スミス著／高 哲男訳

『国富論』に並ぶスミスの必読書が、読みやすい訳文で登場！「共感」をもベースに、個人の心に「義務」「道徳」が確立される、新しい社会と人間のあり方を探り、「調和ある社会の原動力」を解明した必読書！

2176

**役人の生理学**
バルザック著／鹿島 茂訳・解説

「役人は生きるために俸給が必要で、職場を離れる自由もなく、書類作り以外能力なし」。観察眼が冴え渡る抱腹絶倒のスーパー・エッセイ。バルザック他、フロベール、モーパッサンの「役人文学」三篇も収録する。

2206

**神曲 地獄篇**
ダンテ・アリギエリ著／原 基晶訳

ウェルギリウスに導かれて巡る九層構造の地獄。地獄では生前に悪をなした教皇、聖職者、作者の政敵が、神による過酷な制裁を受けていた。原典に忠実で読みやすい新訳に、最新研究に基づく丁寧な解説を付す。

2242

**神曲 煉獄篇**
ダンテ・アリギエリ著／原 基晶訳

知の麗人ベアトリーチェと出会い、地上での罪の贖いの場＝煉獄へ。ダンテはここで身を浄め、自らを高めていく。ベアトリーチェに従い、ダンテは天国に昇る。古典の最高峰を端整な新訳、卓越した解説付きで読む。

2243

**神曲 天国篇**
ダンテ・アリギエリ著／原 基晶訳

天国では、ベアトリーチェに代わる聖ベルナールの案内により、ダンテはついに神を見て、合一を果たし、三位一体の神秘を直観する。そしてついに、三界をめぐる旅は終わる。古典文学の最高峰を熟読玩味する。

2244

**ジャーナリストの生理学**
バルザック著／鹿島 茂訳・解説

今も昔もジャーナリズムは嘘と欺瞞だらけ。大文豪が新聞記者と批評家の本性を暴き、徹底的に攻撃する。バルザックは言う。「もしジャーナリズムが存在していないなら、まちがってもこれを発明してはならない」。

2273

## 西洋の古典

### 西洋中世奇譚集成 魔術師マーリン
ロベール・ド・ボロン著／横山安由美訳・解説

神から未来の知を、悪魔から過去の知を授かった神童マーリン。やがてその力をもって彼はブリテンの王家三代を動かし、ついにはアーサーを戴冠へと導く。波乱万丈の物語にして中世ロマンの金字塔、本邦初訳！

2304

### 人間不平等起源論 付「戦争法原理」
ジャン＝ジャック・ルソー著／坂倉裕治訳

身分の違いや貧富の格差といった「人為」で作り出された不平等こそが、人間を惨めで不幸にする。この不平等の起源と根拠を突きとめ、不幸を回避する方法とは？ 幻の作品『戦争法原理』の復元版を併録。

2367

### 論理学 考える技術の初歩
E・B・ド・コンディヤック著／山口裕之訳

ロックやニュートンなどの経験論をフランスに輸入・発展させた十八世紀の哲学者が最晩年に記した、若者たちのための最良の教科書。これを読めば、難解な書物も的確に、すばやく読むことができる。本邦初訳。

2369

### 人間の由来（上）（下）
チャールズ・ダーウィン著／長谷川眞理子訳・解説

『種の起源』から十年余、ダーウィンは初めて人間の由来と進化を本格的に扱った。昆虫、魚、両生類、爬虫類、鳥、哺乳類から人間への進化を「性淘汰」で説明。我々はいかにして「下等動物」から生まれたのか。

2370・2371

### 愉しい学問
フリードリヒ・ニーチェ著／森　一郎訳

『ツァラトゥストラはこう言った』と並ぶニーチェの主著。随所で笑いを誘うアフォリズムの連なりから「永遠回帰」の思想が立ち上がり、「神は死んだ」という鮮烈な宣言がなされる。第一人者による待望の新訳。

2406

### 革命論集
アントニオ・グラムシ著／上村忠男編・訳

イタリア共産党創設の立役者アントニオ・グラムシの、本邦初訳を数多く含む待望の論集。国家防衛法違反の容疑で一九二六年に逮捕されるまでに残した文章を精選した。ムッソリーニに挑んだ男の壮絶な姿が甦る。

2407

## 西洋の古典

**アルキビアデス　クレイトポン**
プラトン著／三嶋輝夫訳
ソクラテス哲学の根幹に関わる二篇。野心家アルキビアデスにソクラテスは自己認識と徳の不可欠性を説く（アルキビアデス）。他方、クレイトポンは徳の内実と修得法を教えるようソクラテスに迫る（クレイトポン）。
2408

**死に至る病**
セーレン・キェルケゴール著／鈴木祐丞訳
「死に至る病とは絶望のことである」。この鮮烈な主張を打ち出した本書は、キェルケゴールの後期著作活動の集大成として燦然と輝く。最新の校訂版全集に基づいてデンマーク語原典から訳出した新時代の決定版。
2409

**星界の報告**
ガリレオ・ガリレイ著／伊藤和行訳
月の表面、天の川、木星……。ガリレオにしか作れなかった高倍率の望遠鏡に、宇宙は新たな姿を見せた。その衝撃は、伝統的な宇宙観の破壊をもたらすことになる。人類初の詳細な天体観測の記録が待望の新訳！
2410

**自然魔術**
G・デッラ・ポルタ著／澤井繁男訳
イタリア・ルネサンス末期に活躍した自然探究者デッラ・ポルタ。地中海的な知の伝統のなかに生まれ、実験と観察を重視する研究態度は「白魔術」とも評された。プリニウス『博物誌』と並び称される主著の抄訳。
2431

**比較史の方法**
マルク・ブロック著／高橋清德訳
歴史学に革命を起こした「アナール派」の創始者による記念碑的講演。人はなぜ歴史を学ぶのか？　そして、歴史から何を知ることができるのか？　根本的な問いを平易に説いた名著を全面改訂を経た決定版で読む！
2437

**宗教改革三大文書**　付「九五箇条の提題」
マルティン・ルター著／深井智朗訳
記念碑的な文書「九五箇条の提題」とともに、一五二〇年に公刊され、宗教改革を決定づけた『キリスト教界の改善について』、『教会のバビロン捕囚について』、『キリスト者の自由について』を新訳で収録した決定版。
2456

## 西洋の古典

### 言語起源論
ヨハン・ゴットフリート・ヘルダー著／宮谷尚実訳

神が創り給うたのか？　それとも、人間が発明したのか？——古代より数多の人々を悩ませてきた難問に果敢に挑み、大胆な論を提示して後世に決定的な影響を与えた名著。初めて自筆草稿に基づいた決定版新訳！

2457

### 書簡詩
ホラーティウス著／高橋宏幸訳

古代ローマを代表する詩人ホラーティウスの主著。オウィディウス、ペトラルカ、ヴォルテールに連なる韻文による書簡の伝統は、ここに始まった。名高い『詩論』を含む古典を清新な日本語で再現した待望の新訳。

2458

### リュシス　恋がたき
プラトン著／田中伸司・三嶋輝夫訳

美少年リュシスとその友人を相手にプラトンが「友愛」とは何かを論じる『リュシス』。そして、「知を愛すること」としての「哲学」という主題を扱った『恋がたき』。「愛すること」で貫かれた名対話篇、待望の新訳。

2459

### メタサイコロジー論
ジークムント・フロイト著／十川幸司訳

「抑圧」、「無意識」、「夢」など、精神分析の基本概念を刷新するべく企図された幻の書『メタサイコロジー序説』に収録されるはずだった論文のうち、現存する六篇すべてを集成する。第一級の分析家、渾身の新訳！

2460

### 国家の神話
エルンスト・カッシーラー著／宮田光雄訳

稀代の碩学カッシーラーが最晩年になってついに手がけた畢生の記念碑的大作。独自の「シンボル（象徴）」理論に基づき、古代ギリシアから中世を経て現代に及ぶ壮大なスケールで描き出される怒濤の思想的ドラマ！

2461

### 七十人訳ギリシア語聖書　モーセ五書
秦　剛平訳

前三世紀頃、七十二人のユダヤ人長老がヘブライ語聖書をギリシア語に訳しはじめた。この通称「七十人訳」こそ、現存する最古の体系的聖書でありイエスの時代の聖書である。西洋文明の基礎文献、待望の文庫化！

2465